Teufel, Printen, Hexerei

Sabine Mathieu

TEUFEL, PRINTEN, HEXEREI

Wahre und legendäre Geschichten aus Aachen

Meyer & Meyer Verlag

Teufel, Printen, Hexerei

Bibliografische Information der Deutschen Nationalbibliothek
Die Deutsche Nationalbibliothek verzeichnet diese Publikation in der Deutschen Nationalbibliografie; detaillierte bibliografische Details sind im Internet über <http://dnb.d-nb.de> abrufbar.

2., ergänzte Auflage 2014
3. Auflage 2020
Auckland, Beirut, Budapest, Cairo, Cape Town, Dubai, Hägendorf, Indianapolis, Maidenhead, Singapore, Teheran, Wien
Member of the World Sport Publishers' Association (WSPA)
Gesamtherstellung: Print Consult GmbH, München

ISBN: 978-3-89899-964-9
E-Mail: verlag@m-m-sports.com
www.aachen-buecher.de
www.dersportverlag.de

Inhalt

Teil I – Legendäres aus Aachen

1 Wie Kaiser Karls Pferd das Aachener Wasser entdeckte

Kaiser Karl war der mächtigste Mann seiner Zeit in Europa. Sein Herrschaftsgebiet reichte von Italien bis nach Norddeutschland, von Ungarn bis an die Küste des Atlantiks.

Jahr für Jahr war Kaiser Karl unterwegs, um dieses riesige Reich zu regieren. Da es damals noch keine Straßen und Eisenbahnen oder sogar Flugzeuge gab, musste er selbst die weitesten Strecken auf dem Pferd zurücklegen.

Viele hundert Kilometer ritt er nun schon auf seinem Pferd Fallada. Der Rücken schmerzte und sein Bein, das er sich während einer Jagd gebrochen hatte, wollte nicht recht heilen. Kaiser Karl sehnte sich nach einem Ort, an dem er einmal Ruhe und Erholung finden könnte.

Eines Tages war er in der Nähe von Aachen unterwegs. Er hatte gerade den mühsamen Weg durch die Eifel mit ihren schroffen Bergen und dem immer kalten Wind geschafft, als er in einen wunderschönen Wald kam. Die Vögel zwitscherten dem Kaiser zu seiner Begrüßung zu, und neugierige Waldtiere wagten es, aus ihren Verstecken den berühmten Kaiser zu beobachten. In einem Talkessel öffnete sich der Wald zu einer wunderschönen Lichtung.

Kaiser Karls Pferd strauchelt

Da plötzlich geschah etwas Merkwürdiges: Kaiser Karls Pferd, der sonst immer so zuverlässige Hengst Fallada, stolperte. Kaiser Karl hatte Mühe, nicht von seinem Rücken herunterzufallen. Unwirsch zog er die Zügel an. „Hooooh, was machst du denn, du dummes Pferd. Willst du, dass ich mir den Hals breche?“, brüllte er ungehalten. Das Pferd blieb verwirrt stehen. Kaiser Karl stieg ab, um zu sehen, warum das sonst so zuverlässige Tier gestrauchelt war.

Als er vorsichtig Falladas Vorderlauf anhob, um sich zu vergewissern, dass der treue Hengst nicht verletzt war, da sah er, warum Fallada gestolpert war.

Zu seinen Füßen entdeckte er einen dicken Stein. Den hatte Fallada mit seinem vorderen Huf ein wenig zur Seite geschoben.

Heißes Wasser und schlechte Luft

Unter dem Stein quoll herrlich klares Quellwasser hervor. Aber was war das? Ein unangenehmer Geruch nach faulen Eiern breitete sich sofort über der ganzen Lichtung aus. Das kam Kaiser Karl sehr seltsam vor. Skeptisch und dennoch neugierig griff er in das Wasser hinein. Schnell zuckte seine Hand wieder zurück. Was war das? Hier war doch kein Feuer oder Kessel. Das Wasser kam heiß aus dem Boden. War das etwa Teufelswerk? Wollte ihm der gehörnte Pferdefußträger etwa den direkten Weg zur Hölle zeigen?

Der schlaue Einhard, Kaiser Karls Freund und Berater, jedoch konnte den Herrscher beruhigen: „Das ist eine

heiße Quelle, Euer Gnaden. Bisher sind sie in dieser Gegend hier nicht bekannt. Weit weg, am anderen Ende Eures Reiches finden sich ebenfalls welche. Sie werden dort zum Baden der müden und schmerzenden Glieder und zur Heilung bei vielen Krankheiten genutzt." – „Das ist ja eine tolle Entdeckung", rief Kaiser Karl. „Einhard, hier haben wir einen wunderbaren Platz, an dem wir heimisch werden können. Hier werden wir eine neue Pfalz bauen. Die größte und schönste des Reiches. Dieser Ort soll *Ach* heißen, ein Platz mit Wasser."

Und so geschah es, dass Kaiser Karl sich für den Rest seines Lebens in Aachen niederließ. Er ließ den Aachener Dom zu Ehren Mariens und für sich und seine Reichsversammlungen einen großen Palast bauen. An seiner Stelle steht heute das Rathaus. Aber sein Lieblingsort wurde das Kaiserbad. Dort konnte er seine schmerzenden Glieder im Quellwasser baden, und er erholte sich hier von seinen langen Ritten. Selbst sein Beinbruch machte dem Kaiser immer weniger Schmerzen. Das Wasser am Elisenbrunnen wird von der Kaiserquelle versorgt. Der Brunnen entstand zwar erst 1.000 Jahre nach Kaiser Karl, aber die Quelle, über die Fallada damals gestolpert war, die sprudelt hier noch heute.

MONVLFF, GONDVLFF, staet op tervart
Wyt AKEN dat MVNSTER!
1958

2 Wie die Klappergasse zu ihrem Namen kam

Die Eröffnung der neuen Palastkirche, des heutigen Domes, sollte in Aachen zu einem echten Großereignis werden. Schon Wochen vorher begannen die Menschen mit den Vorbereitungen.

Die Häuser wurden reich geschmückt, es wurden Rinder, Schweine und zahllose Hühner geschlachtet. Speisen und Getränke, deren Namen ein normaler Aachener nicht einmal kannte, wurden aus allen Ecken des Reiches herbeigeschafft.

Die schönste und höchste Kirche des Reiches, St. Marien zu Aachen, sollte mit einem sensationellen Fest eröffnet werden.

Natürlich waren alle, die Rang und Namen hatten, eingeladen. Die hohen Fürsten des Reiches, der gesamte Adel und Abgesandte der benachbarten Länder reisten von weit her an, um Kaiser Karl und dem neuen Bauwerk ihre Ehre zu erweisen. Aus Rom kam sogar Papst Leo III., der Karl kurze Zeit vorher, nämlich Weihnachten des Jahres 800, zum Kaiser gekrönt hatte. Er sollte die neue Kirche einweihen, deren Ausstattung und Pracht nicht zu überbieten war. Herrliche Mosaiken leuchteten in der sensationell hohen Kuppel. Die Balkone im Inneren der Kirche waren mit jahrhundertealten, antiken Säulen geschmückt. Karl hatte sie extra aus Italien heranschaffen lassen. Alle Türen waren aus einem Guss in reiner Bronze gefertigt. Hoch poliert leuchteten sie golden in der Aachener Sonne. Es war ein kaum zu beschreibender Glanz, in den Aachen eingetaucht schien.

Damit das prächtige Bauwerk auch Gnade vor den Augen Gottes fände, wurden neben dem Papst auch 365 Bischöfe zur Eröffnungsfeier eingeladen. So viele Bischöfe, wie das Jahr Tage hat. Das sollte dem neuen Bauwerk Gottes Segen für die Zukunft sichern. Auch sie strömten aus allen Teilen des Reiches herbei.

Am Abend vor dem Eröffnungsgottesdienst hatten sich alle Gäste bereits in Aachen eingefunden. Das sonst so beschauliche und kleine Städtchen erlebte eine aufregende Zeit.

Die fehlenden Gäste

Schließlich sandte Kaiser Karl seinen Sekretär Einhard in die vielen Quartiere, um anhand der Gästeliste zu überprüfen, ob inzwischen auch alle Geladenen eingetroffen seien. Wie groß wird sein Schreck gewesen sein, als er herausfand, dass zwei Gäste fehlten. Es waren außer dem Papst nur 363 Bischöfe in Aachen angekommen.

Was für ein schlechtes Omen! Es fehlten die Bischöfe Monulf und Gondulf. Kaiser Karl hatte sie eingeladen, ohne zu wissen, dass beide bereits gestorben waren. Verzweifelt sandte Kaiser Karl Stoßgebete zum Himmel. Und er wurde erhört.

Ein Engel Gottes machte sich auf in die niederländische Stadt Maastricht, die nur eine Tagesreise entfernt von Aachen ist. Dort lagen die fehlenden Bischöfe in der Kirche St. Servatius in ihrer Gruft begraben. Der Engel klopfte an die Gruft und rief: „Monulphus und Gondulphus, erhebt Euch! Eilt nach Aachen, denn dort wird am frühen Morgen die neue Kirche unserer lieben Frau eingeweiht."

Ein schauerliches Klappern in der Nähe der Jakobstraße

Die beiden Bischöfe folgten dem Ruf des Engels. Da sie in vollem Ornat beerdigt worden waren, brauchten sie sich noch nicht einmal umzuziehen.

Sie erhoben sich aus ihren Gräbern und begaben sich eilig auf den Weg nach Aachen.

Sie erreichten kurz vor Tagesanbruch das Jakobstor. Von dort aus eilten sie die Jakobstraße hinunter. Voller Freude dachten sie an das bevorstehende Fest und daran, dass sie es miterleben durften. Je näher sie ihrem Ziel kamen, umso lauter begannen ihre Gebeine in Erwartung des großartigen Ereignisses zu klappern. Als sie schließlich nur noch 200 m vom Eingang des Domes entfernt waren, klapperten die bischöflichen Knochen vor Freude und Eile so laut, dass die braven Aachener Bürger aus dem Schlaf hochschreckten.

Ängstlich liefen sie am Straßenrand zusammen, um zu sehen, wer zu so früher Morgenstunde einen solchen Höllenlärm machte. War da etwa der Teufel höchstpersönlich unterwegs?

Wie erstaunt müssen sie gewesen sein, als sie zwei bischöfliche Gerippe in vollem Ornat in Richtung Aachener Dom laufen sahen.

Monulf und Gondulf waren pünktlich zur Eröffnung des Domes zur Stelle. Voller Freude nahmen sie die beiden vorgesehenen Plätze zwischen all ihren noch lebenden Kollegen ein.

Jetzt konnte dem großen Ereignis nichts mehr im Wege stehen. Die Aachener feierten drei Tage und Nächte. Still und leise kehrten die beiden Verstorbenen nach dem Einweihungsgottesdienst wieder in ihre Gruft nach Maastricht zurück. Das Ende der Jakobstraße, dort, wo die Skelette am lautesten geklappert hatten, nannte man zur Erinnerung an die seltsamen Gäste fortan nur noch die „Klappergasse“.

3 Die Dombausage und warum der Teufel seinen Daumen verlor

Der Bau des Aachener Domes war eine gewaltige Herausforderung für die Menschen jener Zeit. Steinöfen hatte man damals in Aachen noch nicht, und so musste das Material von überall herbeigeschafft werden.

Viele Steine brachte man aus der Eifel und den Ardennen nach Aachen. Dazu wurden sogar Schiffe auf der Maas genutzt. Das Material konnte bis Maastricht auf Lastkähnen transportiert werden, danach wurde es auf Karren umgeladen und auf dem Landweg nach Aachen gebracht.

Auch die Handwerker kamen aus ganz Europa, denn so viele Fachleute, wie auf dieser riesigen Baustelle gebraucht wurden, gab es in der ganzen Aachener Region damals nicht. Der oberste Baumeister war Odo, der aus dem französischen Metz kam. Aber auch Kaiser Karl brachte seine Vorstellungen aktiv mit in die Pläne für den Kirchenbau ein. Mehrmals täglich schickte er seinen Sekretär Einhard auf die Baustelle, um den Baufortschritt streng zu kontrollieren.

Die Aachener Marienkirche sollte die schönste und größte Kirche des Reiches werden. Sie hatte eine ungewöhnliche Form: Der Mittelteil der Kirche wurde achteckig geplant. Über dem Achteck, das man Oktogon nennt, erhebt sich eine Kuppel bis zu einer Höhe von 32 m. Dieses *Oktogon* mit seiner Kuppel wird von einem 16-eckigen Säulengang getragen. Im Inneren der Kirche ließ Kaiser Karl wertvolle antike Säulen und bronzene Gitter anbringen. Die Säulen mussten über die Alpen transportiert werden. Das war extrem mühsam, weil es damals nirgendwo Tunnel gab. Die Menschen stiegen mit ihrer wertvollen Fracht die Berge hinauf und wieder hinunter. Dazu benutzten sie die Alpenpässe, die aber selbst im Sommer meist noch verschneit sind.

Kaiser Karl auf Reisen

Nun konnte Kaiser Karl nicht immer in Aachen sein. Er hatte schließlich ein riesiges Reich zu regieren. Dazu musste er ständig reisen, an weit von Aachen entfernten Orten Versammlungen abhalten oder Kriege führen, um wieder Ruhe und Ordnung im Reich herzustellen. Oft war Kaiser Karl viele Monate unterwegs.

So kam es, dass er wieder einmal schon sehr lange weg war. Fast ein Jahr lang hatten die Aachener nichts mehr von ihm gehört. Noch nicht einmal ein Bote war eingetroffen, um Nachrichten von Kaiser Karl und seinem Gefolge zu bringen. Doch fest auf Gott vertrauend, waren die Aachener sicher, dass er eines Tages wieder zurückkommen würde. Bis dahin bauten sie getreu ihrem Auftrag weiter an der Pfalzanlage und vor allem am Aachener Dom, denn die Kirche, das hatten sie Kaiser Karl versprochen, sollte fertig sein, wenn er wieder zurückkäme.

Geldsorgen und ein seltsamer Reisender

Doch das war nicht so einfach, denn das Material für den Kirchenbau war immens teuer. So standen die treuen Aachener eines Tages ohne Geld da. Alles, was der Kaiser ihnen für die Kirche dagelassen hatte, war inzwischen ausgegeben. Ratlos schauten sich die Bürger von Aachen an. Wie sollten sie dem Kaiser erklären, dass das Geld nicht gereicht hatte?

Doch es nahte Hilfe. Ein vornehm gekleideter Fremder kam in die Stadt. Er wohnte im besten und teuersten Quartier, feierte jeden Abend in der Schenke ausgelassene Feste und gab eine Menge Geld für Glücksspiel und Vergnügungen aus, die die frommen Aachener tief schockierten. Was war das wohl für ein zweifelhafter Geselle? Außerdem, behauptete seine Zimmerwirtin, stinke seine Unterkunft übel nach Pech und Schwefel.

Dennoch, von ihrer großen Geldnot getrieben, fassten sich die Aachener Ratsherren ein Herz und baten den Fremden um Hilfe. „Es scheint uns, hoher Herr, dass Ihr über einen ansehnlichen Betrag an Geld verfügen könnt", sprachen sie ihn vorsichtig an. „Wir bauen gerade im Auftrag von Kaiser Karl an der schönsten und größten Kirche des gesamten Karolingerreichs. Leider reichen unsere Mittel kaum noch bis morgen und die Kirche ist längst nicht fertig. Könntet Ihr uns vielleicht mit einem Kredit aushelfen, bis Kaiser Karl von seinem Feldzug wieder zurück ist?" Ein gefährliches Blitzen in den Augen des Fremden bemerkten die Aachener nicht, denn sie blickten alle peinlich berührt zu Boden. „Tja", meinte der seltsame Gast, „das Geld dürfte wohl kein Problem sein. Das gebe ich Euch. Aber nicht als Darlehen, sondern ich bezahle damit." – „Wie?", wunderten sich die Aachener, „was sollten wir denn haben, was so ein reicher Mann wie Ihr brauchen könnte? Und dann auch noch für einen so hohen Preis." Da lachte der Fremde ein teuflisches Lachen: „Ihr? Von Euch will ich nichts. Ich will nur die erste Seele haben, die die Kirche am Einweihungstag betritt."

Die Aachener blieben stumm vor Schreck. Die erste Seele, die den Dom betreten würde, wäre mit Sicherheit die von Kaiser Karl oder die des Papstes, der versprochen hatte, zur Einweihung zu kommen.

Ein teuflisches Geschäft und ein schlaues Bürschlein

Die Aachener zogen sich zur Beratung zurück. Sofort redeten alle durcheinander. Die Empörung über dieses unmoralische Geschäft war den wackeren Leuten ins Gesicht geschrieben. Wie sollten sie jemals einem solchen Handel zustimmen?

Da meldete sich das clevere Schängchen. Ein schlaues Bürschlein, das die Leute auf dem Markt gerne mit lustigen Geschichten unterhielt. „Er will doch nur eine Seele. Er hat uns nicht gesagt, wessen Seele er will. Das, was Euch so betroffen macht, ist doch nur Eure Fantasie. Wer sagt denn, dass der Papst oder Kaiser Karl die Ersten sind, die die Kirche betreten werden?"

Aber keiner von den aufrechten Aachener Bürgern wollte selbst als Erster in die Kirche gehen. Denn dass der Fremde der Teufel in Person war, das stand für die Ratsherren inzwischen fest. Und nur wegen des Geldes für immer in der Hölle schmoren wollte keiner von ihnen. Diese Vorstellung war die schlimmste, die sie sich machen konnten.

Da lachte das Schängchen: „Ihr braucht Euch keine Sorgen um Eure Seelen zu machen. Das verspreche ich Euch."

So gingen die Ratsherren schließlich doch schweren Herzens auf den Handel ein. Sie bekamen das Geld des teuflischen Fremden und versprachen ihm die erste Seele, die den fertigen Dom am Eröffnungstag betreten würde.

Der Aachener Dom wird eröffnet

Schließlich kam Kaiser Karl von seinem langen Feldzug zurück. Der Dom war mit Hilfe des Teufels tatsächlich pünktlich fertig, die Stadt war geschmückt, der Papst, alle geladenen 365 Bischöfe und zahllose Ehrengäste waren nach Aachen gekommen, um den herrlichen Bau zu bewundern. Der große Tag kam. Inzwischen jedoch hatten die Ratsherren Kaiser Karl gebeichtet, unter welchen Umständen die schöne Kirche fertig geworden war. So standen am großen Einweihungstag zwar alle Leute vor dem Gotteshaus, aber keiner traute sich hinein. Mit Recht, denn innen saß erwartungsfroh der Teufel – ohne seine vornehme Maskerade – und rieb sich erwartungsfroh die Hände. Was für einen schlauen Handel hatte er da mit den Aachenern eingefädelt! Die Seele des Papstes in seinen Händen. Was für ein Triumph des Bösen würde das sein.

Doch er hatte nicht mit dem schlauen Schängchen gerechnet. Froh gelaunt kam er pfeifend um die Ecke und sah die ratlose Gesellschaft vor der Domtüre stehen. Hinter sich her zog er einen Karren, auf dem ein Wolf festgebunden war. „Schaut her", rief er fröhlich den Festgästen zu, „wen ich heute morgen schon im Aachener Wald getroffen habe. Isegrim persönlich! Haben wir dem Teufel denn nicht eine Seele versprochen? Ei, so soll er diese hier bekommen."

Er schob den Karren an die offene Domtür und band das Tier los. Froh, die Fesseln los zu sein, sprang der Wolf in den Dom hinein und verschwand im Inneren der Kirche.

Wie der Teufel betrogen wurde und seinen Daumen verlor

Der Teufel bemerkte, dass er nicht mehr allein im Oktogon war. Da es im Dom nicht besonders hell war, konnte er nur einen Schatten erkennen. Voller Vorfreude warf er sich auf diesen Schatten und entriss ihm die Seele. Der Handel galt!

Als der Teufel jedoch gewahr wurde, was für eine Seele er bekommen hatte, kannte sein Zorn keine Grenzen mehr.

Einen Wolf hatten die Aachener ihm geschickt. Was für eine Frechheit! Hereingelegt hatten sie ihn, ihn, den Teufel, übers Ohr gehauen. Der Teufel war außer sich vor Zorn. Blitze warfen seine Augen, stinkender Schwefelatem kam aus seinem Maul. Der Teufel warf die Seele zu Boden. Dort wurde sie zu einem großen Pinienzapfen.

Dann rannte er hinaus, raus aus der Kirche, weg vom Ort seiner Niederlage. Dabei stieß er so grobe und unflätige Flüche aus, wie sie kein Aachener jemals zuvor gehört hatte.

Als er aus dem prächtigen Domportal hinausstürmte, schnappte er sich einen der riesigen Türflügel und warf ihn voller Zorn mit aller Kraft zu. Da passierte ihm ein weiteres Unglück. Er klemmte sich seinen linken Daumen in einem Löwenkopf, der als Zierrat an der Tür angebracht war. Voller Grimm ließ er die Erde zu seinen Füßen beben, sie öffnete sich und der Teufel fuhr wütend

hinab in die Hölle. Dabei blieb der eingeklemmte Daumen in dem Löwenkopf stecken.

Er ist dort heute noch zu ertasten als stete Mahnung an das Böse, das außerhalb des Hauses Gottes die Menschen mit Unheil bedroht.

Es geht jedoch die Sage, dass demjenigen, der es schafft, den Daumen mit bloßen Händen herauszuziehen, ein Sack voller Gold winkt, überreicht vom Teufel persönlich. Die Domtür nennen die Aachener zur Erinnerung an diese Geschichte die *Wolfstür*.

Der bronzene Pinienzapfen und eine bronzene Wölfin im Eingang des Domes begrüßen heute noch alle Besucher des hohen Hauses.

4 Der Teufel, die schlaue Marktfrau und ein Berg vor der Stadt

Vor den Toren Aachens erhebt sich ein Berg, den man den Lousberg nennt. Er war schon seit alters her ein Wahrzeichen für unsere Stadt.

Immer wenn ein Künstler in früheren Jahrhunderten eine Ansicht von Aachen malte, waren darauf der Dom, das Rathaus und der Lousberg zu sehen. Anders als heute war der Lousberg, ebenso wie sein kleiner Nachbar, der Salvatorberg, ganz kahl. Der Wald, durch den die Aachener heute gerne spazieren gehen oder joggen, der wurde erst vor gut 200 Jahren angelegt, als der französische Kaiser Napoleon I. in Aachen regierte. Er befahl, dass der kahle Lousberg und der Salvatorberg eine öffentliche Parkanlage bekommen sollten. Deren Reste nutzen wir heute noch. Der Lousberg ist der älteste öffentliche Bürgerpark in Europa.

In seinem Inneren ist der Lousberg ein Sandberg. Warum, wollt Ihr wissen? Dann lest die folgende Geschichte:

Wie der Teufel sich an den Aachenern rächen wollte

Wie wir alle wissen, ist der Teufel von den Aachenern um die erste Seele, die den fertigen Aachener Dom betritt, betrogen worden. Und er hat sich in seinem Zorn einen Daumen für alle Ewigkeit in der Domtüre eingeklemmt.

Der Teufel saß in seinem Höllenfeuer und ließ ein wenig Schwefel und üble Luft ab, denn nur so konnte er sich wieder beruhigen. Bald begann er, auf Rache zu sinnen. Niemand durfte ungestraft den Teufel hereinlegen, auch nicht die Aachener. Am besten wäre es, wenn Aachen für immer von der Erde verschwinden würde. Listig dachte sich der Teufel eine üble Rache aus. Da Aachen in einem Talkessel liegt, wäre es doch am einfachsten, die Stadt mit Sand zuzuschütten, sodass alles unter der gelben Last begraben würde: Kaiser Karl, sein Hofstaat, die untreuen Aachener, der Dom, des Kaisers Festsaal und alle anderen Häuser, Klöster und Kirchen. Wie schön, wenn sein Ohr vom Aachener Kirchengeläut demnächst verschont bliebe.

Voller Vorfreude machte der Teufel sich daran, seinen bösen Plan umzusetzen. Er reiste zur Nordsee, dahin, wo die Aachener heute so gerne Urlaub machen und packte sich den Sand von gleich drei Dünen in einen riesigen Sack. Dank seiner teuflischen Kräfte schaffte er es, diesen schweren und unhandlichen Sack quer durch die Niederlande bis an die Aachener Grenzen zu schaffen. Aber auch der Teufel hat nur begrenzte Kraft. Erschöpft von der langen Reise mit schwerem Gepäck ließ er sich am Wegesrand nieder.

Die clevere Marktfrau und ihre neuen Schuhe

Da kam eine alte Frau des Weges. Sie trug einen seltsamen Hut, der aus Stroh geflochten war. Der Teufel erinnerte sich, bei den Aachener Marktfrauen solche Kopfbedeckungen gesehen zu haben. Außerdem hatte die Alte in ihrem Korb Möhren, Eier und Äpfel, die recht appetitlich herauslauerten. „Einen schönen guten Tag, hoher Herr“, grüßte ihn die Alte. „Macht Ihr es Euch hier im Sönnchen nett und bequem, während rechtschaffene Leute einem anständigen Tagewerk nachgehen?“ Der Teufel blitzte mit seinen Augen böse auf. Aber er blieb höflich. „Guten Tag, gute Frau. Ich bin nur ein Reisender und komme von weit her. Ich muss ein wenig rasten, denn mein Gepäck ist schwer und ich weiß den rechten Weg nach Aachen nicht. Wisst Ihr, wie weit ich es noch dorthin habe?“

Da schaute die Alte misstrauisch auf den riesigen Sack. Gleichzeitig verrutschte dem Teufel sein Umhang und es blitzte statt eines Fußes ein Pferdehuf darunter hervor. „Ahnte ich es doch“, dachte sie, „der Kerl kam mir sofort verdächtig vor. Mit dem riesigen Sack da, führt der bestimmt nichts Gutes im Schilde. Wenn mich nicht alles täuscht, habe ich es hier mit dem Leibhaftigen zu tun. Na warte, du Ungeheuer, dir werde ich zeigen, was eine schlaue Aachener Marktfrau ist. Die hat bestimmt keine Angst vor dem Teufel.“

Laut jedoch sprach sie: „Nach Aachen wollt Ihr? Heute noch? Leäve Herr, habt Ihr eine Ahnung, wo ich herkomme? Jetzt ist es später Nachmittag. Heute Morgen noch habe ich mir in Aachen neue Holzschuhe gekauft“, sie zeigte auf ihre ausgetretenen und abgelaufenen Pantinen und fuhr dann fort, „schaut Euch mal an, wie ich diese neuen Schuhe auf dem Weg bis hierher abgelaufen habe. Wenn ich nach Hause komme, werden sie nicht besser sein, als die alten, die ich in Aachen durch neue ersetzen wollte.“ Weiter lamentierte sie über die Straßen, die schlechten Zustände, die Regierung, die an allem schuld ist, die hohen Steuern und alles Elend dieser Welt, über das die Leute sich im Allgemeinen so beschweren.

Der rettende Rosenkranz

Während sie allerdings scheinbar draufloszeterte, warf sie heimlich ihren Rosenkranz, den sie auf langen Wegen gerne betete und zu diesem Zweck in ihrer Rocktasche stecken hatte, auf den verdächtigen Sack. Der Teufel hörte sich die Litanei der Alten eine Zeit lang an. Als sie endlich ausgesprochen hatte, verabschiedete sich die schlaue Marktfrau mit einem fröhlichen „Adieda, lieber Herr“, und zog weiter. Der Teufel ließ sie ihres Weges ziehen und wollte sich aufmachen auf den vermeintlich so weiten Weg nach Aachen. Den Rosenkranz der Alten hatte er nicht bemerkt. Der aber hatte an der Stelle, an der er gelegen hatte, ein dickes Loch in den Teufelssack gebrannt.

Als der Teufel den Sandsack nun anhob, da brach das Loch auf, wurde zu einem mächtigen Riss. Mit einem Ratsch ergoss sich sein Inhalt an Ort und Stelle auf eine riesige Freifläche. All der Sand, der gereicht hätte, den gesamten Aachener Talkessel zuzuschütten, lag nun vor den Toren der Stadt. Als der Teufel sich umschaute, wurde er gewahr, dass er unmittelbar am Rande des Aachener Tales stand und die Alte ihn mit ihrem Lamento abgelenkt hatte. Fluchend fuhr er abermals in die Hölle zurück. Jetzt hatten ihn die schlauen Aachener ein zweites Mal hereingelegt.

Vom Schlauberg zum Ludwigsberg

Die Aachener selbst lachten sich ins Fäustchen und nannten nun den neuen Berg den *Lues-Berg*, was im Aachener Dialekt so viel wie *Schlauberg* heißt. Ludwig der Fromme, der Sohn und Nachfolger Kaiser Karls jedoch, wollte, dass der Teufelsberg den Aachenern niemals schaden würde. Also stiftete er auf einem benachbarten kleinen Sandhügel zur Ehre Gottes eine Kirche. Der kleine Hügel heißt nach der Kirche der *Salvatorberg*, der große Berg jedoch wurde vom Schlauberg zum *Ludwigsberg*, dem *Lousberg*.

Dem Teufel und der Marktfrau wurde am Fuße des Berges sogar ein Denkmal gesetzt. Es erinnert nun an diese Geschichte.

5 Kaiser Karl, die Schlange und der Ring der Fastrada

Nach dem Tod seiner jungen und sehr geliebten Frau Hildegard nahm sich Kaiser Karl nicht besonders lange Zeit, um zu trauern. Bereits im selben Jahr heiratete er erneut. Diesmal eine adlige Dame aus dem mainfränkischen Gebiet.

Die Schöne hieß Fastrada. Kaiser Karl war schon fast 40 Jahre alt, als er die damals 18-Jährige heiratete. Die vierte von Karls offiziellen Ehefrauen hat jedoch kein besonders gutes Image. Sie wird zwar als sehr schön beschrieben, aber auch als aufbrausend, neidisch, zänkisch und berechnend. Beim Dienstpersonal war sie unbeliebt, weil sie die kleinsten Versehen hart bestrafte und ständig etwas zu meckern hatte. Sie soll sogar Schuld daran haben, dass Kaiser Karl sich mit seinem ersten Sohn, Pippin dem Buckligen, überworfen hat. Pippin hatte gegen die unleidliche Fastrada eine Verschwörung angezettelt. So etwas konnte Kaiser Karl nicht dulden und Fastrada schürte seinen Zorn zusätzlich. Pippin wurde ins Kloster nach Prüm verbannt und lebte dort bis zu seinem Tod 811 als einfacher Mönch.

Fastradas schlechter Ruf wurde außerdem von Einhard, Kaiser Karls Sekretär und Berater, geschürt. Er konnte sie offensichtlich nicht ausstehen, denn er ließ keine Gelegenheit aus, diese Frau Kaiser Karls in seiner Karlsbiografie schlechtzumachen.

Mit Fastrada ist eine sehr alte Geschichte verbunden, die sogar die Brüder Grimm in ihre Märchensammlung aufnahmen. Sie sei hier erzählt:

Das Geschenk der Schlange

Kaiser Karl hatte einen außerordentlichen Ruf als weiser und gerechter Richter. Eines Tages nun, als Karl gerade in Herstal bei Lüttich weilte und dort Gerichtstage hielt, erschien ein seltsamer Kläger. Zu des Kaisers Füßen kroch plötzlich eine Schlange. Kaiser Karls Berater waren sichtlich beeindruckt. Sollten jetzt sogar schon die Tiere zu ihm kommen, um seinen Rat zu hören? Die Schlange jedenfalls bedeutete Kaiser Karl, ihr zu folgen. Sie führte ihn ans Ufer der Maas. Dort deutete sie auf ein Nest, das versteckt im Ufergras lag. Kaiser Karl beugte sich hinunter und sah, warum die Schlange zu ihm gekommen war. Über den Schlangeneiern im Nest hatte es sich eine dicke, fette Kröte bequem gemacht. Sie wollte freiwillig das Nest nicht verlassen. Kaiser Karl hob sie persönlich von den Schlangeneiern herunter und warf sie in den Fluss, der sie weit weg trug. So konnte die Schlange wieder in ihr Nest und zu ihren Eiern zurück.

Einige Tage später, Karl hatte den Vorfall fast schon wieder vergessen, da tauchte die Schlange wieder bei ihm auf. Sie öffnete ihr Maul und legte dem Kaiser einen wunderschönen Ring zu Füßen. Dieser Ring, ein Zauberring, hatte die Macht, den Kaiser für immer an die Person zu binden, die ihn trug.

Ein Ring für Fastrada

Kaiser Karl war zu dieser Zeit gerade mit der schönen Fastrada verheiratet. Sie war die Tochter eines treuen Fürsten namens Rudolf. Leider hatte sie häufig schlechte Laune, weil sie immerzu an heftigen Zahnschmerzen litt. Aber Kaiser Karl liebte sie von Herzen, und er wollte ihr eine besondere Freude machen. Als Zeichen seiner Liebe und Treue schenkte er der schönen Gattin den Zauberring. Fastrada trug ihn nun ständig. Der Zauber des Ringes wirkte. Kaiser Karl wollte sich nun nie mehr von seiner schönen Frau trennen. Als er dennoch eines Tages zu einem Feldzug aufbrach, geschah das Unfassbare. Fastrada, die fast immer kränkelnde, lag auf der Pfalz in Frankfurt im Sterben. Was für ein Schlag für den Herrscher! Schnell eilte er zu ihr, aber er fand sie nicht mehr lebend vor. Kaiser Karls Trauer war unermesslich. Stundenlang hielt er den geliebten Leichnam in seinen Armen und weinte bittere Tränen. So vergingen einige Tage. Inzwischen jedoch fing die Leiche an zu stinken und die Diener und Ratgeber des Kaisers mochten die Gemächer am liebsten nicht mehr betreten.

Da fasste Bischof Turpin sich ein Herz. Er ging in das Zimmer, in dem Kaiser Karl mit seiner toten Frau im Arm saß. Sanft löste er den Leichnam aus des Herrschers Armen und tastete die Tote ab. Nach einigen Minuten hatte er gefunden, was er suchte. Unter Fastradas Zunge steckte der Ring der Schlange. Turpin zog ihn hervor und steckte ihn ein. Wie aus einem tiefen Schlaf erwachte Kaiser Karl aus seiner Trauer. Verwirrt schaute er sich um, sah auf die Tote und bemerkte endlich den schrecklichen Geruch der Leiche. Entsetzt befahl er, seine Gattin solle so bald wie möglich begraben werden. Man brachte sie zum Kloster St. Alban in der Nähe von Mainz, wo ein Verwandter von ihr Abt war. Dort fand die Schöne ihre letzte Ruhe. Sie war nur 29 Jahre alt geworden.

Tief im Graben der Frankenburg

Nun machte aber der Zauberring weiterhin Ärger, denn Kaiser Karl folgte von nun an dem Bischof Turpin auf Schritt und Tritt. Dieser fühlte sich zunächst noch geschmeichelt und schaffte es sogar, Kaiser Karl für wohltätige Zwecke Geld aus den königlichen Schatullen zu ziehen. Aber auf Dauer wollte auch Turpin nicht ständig von seinem Herrscher verfolgt werden. Also beschloss er, sich des Ringes zu entledigen.

Es traf sich, dass der Hof gerade in der Nähe von Herstal in der damals noch kleinen Pfalz in Aachen weilte. Während einer Jagd kam die Gesellschaft an einem kleinen Weiher vorbei. Dort warf der Bischof den Ring ins tiefe Wasser hinein. Von nun an wurde Aachen der liebste Aufenthaltsort von Kaiser Karl. Hier baute er die größte Residenz des Reiches.

Und an dem kleinen Weiher, in dem der Ring ruhte, da ließ er ein kleines Schlösschen bauen, das er während seiner Jagden immer wieder mit großer Freude aufsuchte. Aus dem kleinen Schlösschen ist einige Jahrhunderte später eine mächtige Burg geworden. Sie steht heute noch an historischer Stelle. Es ist die Frankenburg im Frankenberger Viertel. Der Name erinnert daran, dass Kaiser Karl dem Volk der Franken angehörte.

6 Die Geschichte von Imma und Einhard

Kaiser Karls Frauen

Kaiser Karl gilt heute oft als echter Frauenheld. Das stimmt nur bedingt, denn es war zu seiner Zeit selbstverständlich, dass ein Herrscher verheiratet war. Leider starben viele Frauen damals sehr früh und nicht selten während oder nach einer Geburt. Außerdem waren viele heute eher harmlose Infekte damals tödlich. So kam es häufiger vor, dass ein Mann Witwer wurde.

Königliche Eheleute lebten außerdem oft voneinander getrennt, denn nicht immer war es möglich, die Ehefrau mit auf einen Feldzug zu nehmen. Dazu waren die Reisebedingungen einfach zu beschwerlich, als dass man sich auch noch mit Frauen und ihrem Gepäck belasten wollte oder konnte.

Herrscher genossen außerdem mehr Freiheiten, denn ein König oder gar Kaiser heiratete nicht immer aus Liebe. Viel wichtiger war es, sich die angeheiratete Verwandtschaft zu Verbündeten zu machen, oder sein Reich durch Erbschaft von Ländern zu vergrößern.

Von Kaiser Karl sind 10 Ehefrauen bekannt. Es waren jedoch nicht immer reguläre Ehefrauen, sondern auch sogenannte *Nebenfrauen*, die man auch *Friedelfrauen* oder *Konkubinen* nennt. Ihre Kinder wurden *Kegel* genannt. Daher stammt der Ausdruck mit „Kind und Kegel".

Die erste Frau in Kaiser Karls Leben war Himiltrud, eine Friedelfrau. Die erste offizielle Gattin wurde Desiderata, deren wahren Namen wir nicht einmal kennen. Sie kam aus dem heutigen Oberitalien. Ihr Vater war Desiderius, der Langobardenkönig. Kaiser Karl ließ sich schon nach neun Monaten von dieser ungeliebten Gattin scheiden. Er schickte sie zu ihrem Vater zurück und eroberte das Langobardenreich mithilfe seiner Soldaten.

Danach war er frei für eine neue Ehe. Hildegard gilt als eine der wichtigsten Ehefrauen in Kaiser Karls Leben. Hildegard soll ihn bei seinen vielen Feldzügen und Reisen durch das Reich fast immer begleitet haben. Dabei ließ sie sich permanent unterrichten. Sie war eine sehr kluge Frau.

Kaiser Karl schenkte sie neun Kinder. Die Ehe dauerte jedoch nur 11 Jahre, denn Hildegard starb sehr früh. Sie wurde nur 23 Jahre alt. Von den folgenden Frauen sind nur noch Fastrada, die später bei Mainz begraben wurde, und Liutgard näher bekannt.

Die gekrönten Tauben auf der Aachener Pfalz

Insgesamt hatte Kaiser Karl eine recht große Familie, denn die vielen Ehefrauen haben ihm viele Kinder geschenkt. Namentlich bekannt sind davon 18. Es waren 13 Töchter und fünf Söhne. Zur Zeit von Kaiser Karl wurde ein normaler Mensch nicht so alt, wie heute. Die allgemeine Lebenserwartung lag bei etwa 30 bis 35 Jahren. Da Kaiser Karl jedoch selbst erst mit etwa 66 Jahren starb, hat er nicht nur seine vielen Frauen, sondern auch einen großen Teil seiner Kinder überlebt. Damit er sicher sein konnte, dass einer seiner Söhne ihm auf den Thron folgen würde, hat er deshalb seinen Töchtern verboten, zu heiraten. Ehrgeizige Schwiegersöhne konnte er wohl nicht brauchen.

So lebte in der Aachener Pfalz eine große Zahl schöner und lebenslustiger junger Frauen: die Töchter Kaiser Karls des Großen. Da sie nicht verheiratet waren, machten sie gerne den frommen Brüdern und Priestern, die rund um den Dom im Kloster lebten und an der berühmten Hofschule forschten und lehrten, schöne Augen. Das wiederum gefiel dem Leiter der Hofschule, Alkuin von York, absolut nicht. Er warnte die frommen Männer sogar vor den „gekrönten Tauben, die durch die Stuben des Palastes flattern" würden.

Imma und Einhard – eine Liebesgeschichte

Nun konnte Alkuin seine Augen nicht überall haben. Denn von Kaiser Karls Töchter Imma ist folgende Begebenheit überliefert:

Imma hatte es nicht auf irgendeinen Höfling abgesehen, nein, sie hatte sich ausgerechnet Einhard ausgesucht. Einhard war ein kluger Kopf und hatte es zum Freund und ersten Berater von Kaiser Karl gebracht. Er wird als ein recht schmaler und kleiner Mann beschrieben.

Die privaten Gemächer der kaiserlichen Familie befanden sich damals vielleicht rund um den heutigen Hof und Hühnermarkt. Jedenfalls hat dort Einhard seine Imma manchmal nachts heimlich besucht. Das ging auch eine Weile ganz gut, bis der Winter ins Land zog. Während Einhard eine kalte Winternacht bei seiner Geliebten Imma verbrachte, schneite es in Aachen.

Als er sich gegen Morgen in sein klösterliches Quartier zurückschleichen wollte, lag eine reine, unberührte Schneedecke über der Pfalz. Jetzt war guter Rat teuer, denn die Fußspuren eines Mitgliedes des Hofkreises waren im Schnee gut zu erkennen. Wie peinlich, wenn eine solche Fußspur ausgerechnet vom Schlafgemach einer Prinzessin bis zur Pforte der Adelsquartiere führen würde! Da hatte Imma die rettende Idee.

Niemand würde sich über ihre Fußspuren im Schnee wundern, denn es war durchaus üblich, dass sie morgens früh in die neue Marienkirche, den heutigen Aachener Dom, zur Messe ging. Und der Weg, der führte am Eingang der Adelsquartiere vorbei. Da Einhard ein recht schmächtiger Mann war, Imma selbst aber eine stattliche Frau, hob sie den Geliebten kurzerhand auf ihren Rücken. Huckpack trug sie ihn von ihrer Wohnung quer über den Katschhof zu seiner Wohnung.

Kein Mensch begegnete dem seltsamen Pärchen. Was die beiden jedoch nicht ahnten, war, dass Kaiser Karl nicht gut schlief in diesen frühen Morgenstunden. Er stand an einem Fenster im Granusturm und beobachtete das seltsame Gebaren seiner Tochter und seines Vertrauten und Pfalzbaumeisters Einhard.

Kein Wunder, dass es noch im Laufe desselben Tages ein kaiserliches Donnerwetter gab.

7 Das Glashaus von Aachen und sein schwarzer Baumeister

Es ist schon mehr als 650 Jahre her, als Karl IV. das Reich regierte. Er war 1349 in Aachen gemeinsam mit seiner Frau Anna von der Pfalz zum König gekrönt worden. Mit seinem Krönungsfestmahl hatten die Aachener warscheinlich sogar den Krönungssaal des neuen gotischen Rathauses feierlich eingeweiht.

Zunächst waren die Festlichkeiten gefährdet gewesen, weil gerade die Pest im Reiche herrschte. Anschließend hatte man zum Dank für die überstandene Epidemie eine Heiligtumsfahrt in Aachen unternommen. Fast 149.000 Pilger pro Tag sollen damals in die Stadt geströmt sein. Der designierte König musste sich gedulden, ehe er endlich mitsamt seinem Gefolge in Aachen zur Krönung einreiten konnte.

Schon wenige Jahre später, 1354, wurde Anna von Schweidnitz, die dritte Frau des Herrschers, im Aachener Dom zur Königin gekrönt.

Für Aachen waren solche Ereignisse herausragend. Die Stadt hatte sich prächtig entwickelt. Der Krönungsort der deutschen Könige und, wie wir sehen auch der Königinnen, erstrahlte in solidem Wohlstand, umgeben von einer Stadtmauer mit 11 Toren und 22 Türmen.

Doch was war mit dem wichtigsten Gebäude in Aachen? Wie stand es um Kaiser Karls Marienkirche, seine ehemalige Pfalzkapelle?

Hilfe, das Münster ist zu klein!

1355 trafen sich die Kanoniker, die Stiftsherren und der Propst des Aachener Münsterstifts zu einer dringenden Sitzung. Die weltliche Macht erstrahlte im Glanz eines modernen gotischen Rathauses. Der Festsaal in seinem Inneren suchte seinesgleichen in Deutschland und war weit über die Stadtgrenzen Aachens hinaus bekannt.

Nur der Dom war so, wie ihn Kaiser Karl der Große hinterlassen hatte. Zwar war das Kuppeldach durch die Giebel aus der Stauferzeit gewachsen und war neu eingedeckt worden, aber ansonsten erstrahlte das Aachener Münster noch ganz im Glanz der karolingischen Zeit. Und der war inzwischen 500 Jahre alt und schon sehr blass geworden. Also beschlossen die Stiftsherren, dass auch die Kirche den Bedürfnissen der neuen Zeit angepasst werden müsste. Dazu gehörte in erster Linie viel mehr Platz. Die alte Marienkirche war schließlich die Grabeskirche Kaiser Karls des Großen, das Ziel vieler Pilger und großer Mengen frommer Besucher. Sie war außerdem die Krönungskirche der deutschen Herrscher – kurzum, die Platzverhältnisse der alten Pfalzkirche entsprachen längst nicht mehr den Bedürfnissen eines modernen und den Anforderungen seiner Funktionen entsprechenden Gotteshauses. Mehr Platz musste geschaffen werden!

Also beschlossen die Kanoniker am 14. Mai 1355 die Errichtung einer neuen gotischen Chorhalle. Sie sollte an die historische Palastkirche angebaut werden und den Raum im Inneren um dasselbe Raummaß erweitern.

Königlicher Rat ist teuer

Karl IV. war kaum vier Wochen vorher in Rom zum Kaiser gekrönt worden und so war es ein kluger Schachzug der Aachener, ihn jetzt mit dem geplanten Projekt vertraut zu machen. Dazu suchten die Priester Hilfe beim Aachener Bürgermeister, Ritter Gerhard Chorus. Er war begeistert von der Idee, dass der Dom nun architektonisch dem neuen Stadthaus angepasst werden könnte. Also schickte er einen Boten zu Kaiser Karl, um seine Meinung und seinen Rat einzuholen. Der Kaiser war von der Idee sehr angetan, vorausgesetzt, es würde ihn nicht viel kosten, denn seine Finanzlage war nicht die Beste. Aber er versprach den

Aachenern nicht nur sein Wohlwollen, sondern er schlug vor, dass der neue Teil des Aachener Münsters der Kirche der französischen Könige gleichen sollte. Diese Kirche, die Sainte Chapelle in Paris, war ein filigraner gotischer Bau aus Glas. Kaiser Karl hatte Jahre seiner Kindheit in Paris verbracht. Er war in dieser Kirche zur Kommunion gegangen. Die Aachener stimmten zu, die Sainte Chapelle sollte, am Aachener Münster angebaut, eine Kopie erhalten. Das neue Glashaus von Aachen, zu Ehren des göttlichen und weltlichen Herrschers.

Dabei sollte das neue Gebäude noch größer und mächtiger sein als das Original.

Als Karl IV. 1357 Aachen besuchte, konnte er schon die ersten Pläne und Vorbereitungen für den mächtigen Neubau besichtigen. Er war in Begleitung seiner Gattin Anna und deren ungarischer Mutter Katharina. Dieser Besuch hatte eine königliche Stiftung zur Folge. König Ludwig der Große von Ungarn sorgte dafür, dass das Aachener Münster eine Ungarnkapelle zu Ehren des heiligen Stephanus von Ungarn bekam. Sie wurde zwischen 1358 und 1366 neben dem Sechzehneck des karolingischen Bauwerks errichtet. So kam zum Glashaus gleich eine neue Kapelle hinzu.

Ein Jahr später starb Bürgermeister Ritter Chorus. Er gilt als einer der wichtigsten Bürgermeister in der mittelalterlichen Geschichte Aachens. Mehr als 30 Jahre lang hatte er die Geschicke der Stadt gelenkt und geleitet. Er war so hoch angesehen, dass man ihn im Eingangsbereich des Aachener Domes zur letzten Ruhe bettete. Mit seinem Tod jedoch ging dem neuen Bauwerk auch der wichtigste Unterstützer verloren.

Der schwarze Baumeister kommt in die Stadt

Immer wieder war es Ritter Chorus gewesen, der die Baumeister organisiert und Handwerker besorgt hatte. Nun war guter Rat teuer, denn das Bauwerk stellte sich als kompliziert heraus. Niemand traute sich so recht an die Aufgabe heran.

Da kam ein Mann in die Stadt. Er war groß und kräftig von Statur und sehr gepflegt. Seine Haare waren fast schwarz und um sein Kinn warfen die Bartstoppeln bereits kurz nach einer Rasur wieder schwarze Schatten. Dabei schaute er aus seinen dunklen Augen ständig missmutig drein. „Dat is ene rischtije Miesepitter", so sagte der Wirt, bei dem er Quartier nahm.

Den Mann scherte das Gerede im Gasthaus wenig. Kurz nach seiner Ankunft nahm er Kontakt zum Propst des Aachener Münsters auf. Er wolle seine Dienste anbieten. Er sei ein erfahrener Baumeister und würde sich den schwierigen Bau des Chores am Aachener Münster wohl zutrauen. Gleich legte er eine Reihe von Empfehlungsschreiben aus verschiedenen Städten vor. Die Domherren zeigten sich beeindruckt. Da die Zeit drängte, wollte man nicht unnötig zögern und stellte den Mann als neuen Baumeister ein.

Jedoch, so selbstsicher wie es schien, war der neue Baumeister, den die Aachener nur den „schwarzen Baumeister" nannten, nicht. Diesen Spitznamen hatte er wegen seiner düsteren Erscheinung inzwischen bekommen. Außerdem war er eigenbrödlerisch und verschlossen. Für seine dustere Miene gab es durchaus Grund, denn der komplizierte Bau des neuen Glashauses stellte selbst einen Fachmann wie ihn vor große Probleme. Immer wieder brachen die über 30 m hohen Säulen ein. Ratlos stand er im Rohbau seiner neuen Kirche und malte mit Kreide immer neue Berechnungen auf die schon fertig gestellten Wände. Nur was tatsächlich realisiert werden würde, wurde später in den Stein der Mauern geschlagen, damit alle anderen Handwerker stets die Pläne zur Hand hätten. „Heilige Mutter Gottes, hilf mir", stieß er ein übers andere Mal ein Gebet zum Himmel hervor.

Der Herrscher der Finsternis hilft erneut

Dabei verscheuchte er ungeduldig einen kleinen Straßenköter, der ihm seit einigen Tagen auf Schritt und Tritt folgte. Jaulend sprang das Tier zur Seite, als es ein ungeduldiger Fußtritt hart in die Seite traf.

Der Hund rollte zur Seite, und da geschah etwas Seltsames. Mit einem Mal wuchs und wuchs das Tier, es wurde immer größer und größer, bis es den Baumeister um Haupteslänge überragte. Gleichzeitig verwandelte es sich in ein unheimliches Wesen: Hörner wuchsen ihm auf dem Haupt und ein kapitaler Pferdefuß wies die Verwandlung als den Herrn der Hölle aus. Der Hund war der Teufel in Person gewesen.

„Na, Herr Baumeister, haben wir Probleme?“, fragte er böse grinsend. Der Baumeister seufzte und schüttete ihm sein Herz aus. Nie würde er den Chor für das Aachener Münster fertig bauen können, wenn nicht ein Wunder geschähe und er hinter das Geheimnis des hellen und leichten Bauens mit viel Glas und wenig Stein kommen würde. Wie herrlich würde das Bauwerk in der Sonne strahlen, wenn ihm seine Vollendung gelänge. Der Baumeister geriet ins Schwärmen. Er war nicht nur ein sehr gläubiger und gottesfürchtiger Mensch, nein, in dem Moment sah man, dass er seinen Beruf über alle Maßen liebte. Über das grimmige Gesicht huschte ein Strahlen, wie es vorher noch niemand an ihm gesehen hatte.

Der Teufel lauschte voller Interesse und dachte, es sei an der Zeit, den Aachenern doch endlich mal eins auszuwischen. Schon einmal hatten sie ihn um eine Seele betrogen. Diesmal sollte es wohl möglich sein, wenigstens die des Baumeisters zu bekommen.

Wie auch diesmal der Teufel leer ausging

Also erbot er sich, dem frommen Mann zu einem Wunder zu verhelfen, wenn er dafür seine Seele bekäme, sobald der Chor fertig gestellt sei. Erschrocken, aber ohne eine bessere Lösung zu kennen, willigte der Baumeister ein. Er verkaufte seine Seele dem Teufel, gegen die absolute Meisterschaft im gotischen Kirchenbau.

Nach diesem verhängnisvollen Treffen ging es mit einem Mal an der Baustelle voran. Die Säulen hielten, das Gebäude wuchs und der Baumeister konnte sein Versprechen halten, das er den Domherren gegeben hatte. Am 600. Todestag von Kaiser Karl dem Großen sollte die Eröffnung des neuen Glashauses zu Aachen gefeiert werden. Am Morgen dieses 28. Januar 1414 schien die weiße Wintersonne durch die Fenster des nun fertigen Chors. Die Feierlichkeiten hatten noch nicht begonnen, und der Baumeister saß mit seinem üblichen dusteren Gesicht in einer der Kirchenbänke. Da plötzlich passierten zwei Dinge gleichzeitig. Während er tief im Gebet versunken auf den Teufel wartete, erklang eine feine Musik, so wie aus anderen Sphären. Himmlische Klänge erfüllten den Raum, dessen Pracht sich im Licht dieses Wintermorgens entfaltete. Als der Teufel die Kirche nun betrat, um seinen Lohn abzuholen, sah er, wie die Seele des Baumeisters, vom Licht getragen, zu den Klängen des himmlischen Gesangs langsam nach oben schwebte. Ein Sonnenstrahl trug sie direkt in den Himmel hinauf.

So hatte der Teufel wieder nichts bekommen. Erstaunt fanden die Kanoniker, die nur wenig später zum festlichen Gottesdienst erschienen, den Leichnam des Baumeisters in einer Kirchenbank sitzend. Ihm zu Füßen kauerte der kleine schwarze Hund, der ihn seit Monaten ständig begleitet hatte. Nachdem man den Verstorbenen in allen Ehren am Münsterplatz beigesetzt hatte, verschwand der Hund so plötzlich, wie er gekommen war. Der Name des Baumeisters wurde vergessen. Ohnehin hätte er niemandem genützt, denn man kannte ihn nur als den „schwarzen Baumeister“.

Kaiser Karl IV. hat die Fertigstellung der Chorhalle nicht mehr erlebt. Er war schon im November des Jahres 1378 gestorben. Zehn Jahre zuvor hatte seine vierte Frau Elisabeth von Pommern ihm einen Sohn geschenkt: Sigismund. Er wurde am 8. November 1414 als Erster im nunmehr erweiterten Aachener Dom zum römisch-deutschen König gekrönt.

8 Warum rund um den Aachener Dom der Wind pfeift

Wer würde behaupten wollen, dass der Wind besonders schlau ist? Wohl niemand.

Rund um den Aachener Dom pfeift er beständig. „Der Wind steht in der Altstadt", wie man in Aachen sagt, und das hat einen Grund.

Wie wir alle wissen, hat der Teufel in Aachen kein Glück gehabt. Den Daumen in der Domtür verloren, seine Rache am Lousberg vereitelt, den Schlüssel zur Domschatzkammer hat er auch nicht bekommen, stattdessen musste er mit Magenschmerzen und Bauchkrämpfen das Bett hüten und schließlich hat er dank göttlicher Hilfe auch noch die Seele des Dombaumeisters nicht bekommen. Obwohl die Aachener immer wieder von seiner Hilfe profitiert hatten.

Einmal jedoch, da hat der Teufel tatsächlich gewonnen und die Aachener überlistet. Nachdem er wieder einmal den Kürzeren gezogen hatte, sann der Teufel auf eine Rache, die so schnell nicht vereitelt werden könnte. Er wanderte auf die Höhen der Eifel. Dort weht ein beständiger, kräftiger Wind. Er ist so rau, dass die Menschen ihre Häuser seit Jahrhunderten hinter hohen Hecken verstecken müssen, damit ihnen der Wind die Dächer nicht wegweht.

Der Teufel sprach hinterlistig den Wind an: „Hey, du rauer Geselle, ist dir nicht langweilig hier in der Eifel?" Das musste der Wind wohl zugeben. Sein Leben dort auf den Höhen war nun wirklich ereignisarm. Ab und zu mal einen Hut, mit dem man spielen konnte, selten ein Baum, den er umblasen durfte. „Ja", antwortete er dem Teufel, „da könntest du recht haben. In den letzten vier Wochen habe ich nur einmal eine Wäscheleine durcheinandergewirbelt. Das Leben hier in der Eifel ist nicht sehr ereignisreich. Mir ist schon recht langweilig."

Teufel – Printen – Hexerei: Legendäres

Da blitzte es in den Augen des Teufels und er lockte den Wind mit einem Angebot: „Na, da wird es doch wohl Zeit, dass wir das ändern. Ich habe eine grandiose Idee. Wir beide gehen nach Aachen. Dort steht der Dom. Er ist das großartigste Bauwerk, das ich kenne. Seine Innenausstattung kennt in ihrer ganzen Pracht keinen Vergleich." Neugierig horchte der Wind auf. Nach Aachen war er schon lange nicht mehr gereist und den Dom, den wollte er gar zu gerne einmal besichtigen. Natürlich würde er den Teufel gerne begleiten wollen und den Aachener Dom besuchen. Das würde seine ewig schlechte Laune sicher bessern.

Gesagt, getan, das ungleiche Paar zog nach Aachen. Als sie nun auf dem Münsterplatz angekommen waren, da staunte der Wind nicht schlecht über die Größe der neuen Chorhalle. Er war schon vom Äußeren des Domes begeistert und strich frohen Mutes um die Gebäude herum.

„Das gefällt dir wohl", sprach der Teufel voller List, „bleibe ruhig noch ein Weilchen hier stehen und blase so kräftig du kannst. Ich werde in der Zwischenzeit nachsehen, ob die Luft rein ist und ich mit dir gemeinsam auch hineinkomme." Sprach's und verschwand. Natürlich ging er nicht in den Dom hinein. Er fuhr zurück in seine Hölle.

Der Wind in seiner grenzenlosen Dummheit jedoch, der steht bis heute am Münsterplatz und wartet, dass der Teufel zurückkommt und ihm den Dom von innen zeigt.

9 Hexenverfolgung in Aachen

Während des 17. Jahrhunderts hatte die weit über Europa verbreitete Hexenverfolgung auch die Aachener Region erreicht. Besonders in den ländlichen Gebieten fielen zahlreiche Frauen und Männer einer fast schon hysterischen Jagd auf das Böse zum Opfer. Zum Erpressen ihrer Geständnisse mussten sie schwere Folterungen ertragen. Kein Wunder also, dass die meisten von ihnen ihren „Pakt" mit dem Teufel gestanden.

In Aachen wurden viele Akten aus dieser Zeit beim großen Stadtbrand 1656 vernichtet, sodass nicht alle Fälle von Hexenverfolgung bekannt sein dürften. Belegt ist, dass in der Stadt Aachen sechs bis acht Frauen als angebliche Hexen verurteilt und hingerichtet worden sind. Im ländlicheren Umland sind die Zahlen sogar noch wesentlich höher.

Als besonders tragisch stellt sich der Fall eines 13-jährigen Kindes einer fahrenden Familie dar. Das namenlose Mädchen wurde, nachdem Brüder und Eltern wegen anderer Delikte bereits ihr Leben verloren hatten, 1649 bei lebendigem Leib auf dem Scheiterhaufen verbrannt. Sie erregte die Aufmerksamkeit der Aachener Bürger, weil sie ohne Familie und heimatlos durch Aachen streifte. Da sie offensichtlich keine religiöse Erziehung genossen hatte, erweckte der Zustand ihrer angeblichen Gottlosigkeit das besondere Misstrauen der Bevölkerung.

Die gesicherte erste Hinrichtung einer Hexe war die der Maria Kroisetti 1604.

Zwei Legenden in diesem Buch erwähnen die *Hexe Mobesin*. Sie ist die bekannteste der Aachener „Hexen".

Sicher ist, dass am 10. Dezember 1630 die reiche Bürgerin Catharina von Thenen, genannt die Maubachsche, nach einem Geständnis unter

der Folter, mit dem Schwert hingerichtet wurde. Ihr Körper wurde vermutlich auf dem Königshügel verbrannt. Verpflegung während des Aufenthalts im Untersuchungsgefängnis und die Kosten für die Hinrichtung, etwa 40 Taler, wurden aus ihrem Vermögen bezahlt. Dazu gehörte auch der Wein, den die Henkersknechte für ihren grausigen Folterdienst bekamen. Das Gefängnis war damals das Grashaus am Fischmarkt. Das Gericht, die Acht, befand sich am Katschhof. Die Vermutung liegt nahe, dass die junge Witwe verleumdet wurde, damit sich andere ihres Reichtums bemächtigen konnten.

10 Hexensabbat am Fischmarkt – oder der bucklige Fiedler

So hell erleuchtet wie heute waren die Straßen in Aachen früher nicht. Vor vielen hundert Jahren blieben die Leute nach Einbruch der Dunkelheit lieber in ihren Häusern. Nur der Nachtwächter zog, mit seinem schweren Umhang bekleidet, mit einer Laterne durch die dunklen Straßen und Gassen der Aachener Altstadt. Jede Stunde blies er in sein Horn. Zum letzten Mal um Mitternacht, damit die braven Bürger von nun an ungestört ihren Nachtschlaf genießen konnten.

Doch auch, wenn es so schien, der Nachtwächter war nicht allein. Dunkle Gestalten und seltsame Typen, denen man lieber nicht begegnete, tauchten immer wieder hinter seinem Rücken auf. Manchmal war es ein später Zecher, der aus dem Wirtshaus kam, manchmal aber auch üble Gestalten, die versuchten, die Bürger von Aachen um ihr Hab und Gut zu bringen.

Punkt Mitternacht jedoch begann die Geisterstunde. Da trauten sich selbst die übelsten Gesellen kaum noch auf die Straße, denn das war die Stunde von Zauberei und Hexerei.

Um den Aachener Fischmarkt herum begann dann ein seltsames Treiben. Von überall her kamen die Hexen und Hexenmeister angeflogen. Dazu bedienten sie sich einer geheimen Hexensalbe, die es ihnen ermöglichte, zu fliegen. Sie ritten nicht nur auf Besen heran, nein, manche kamen auf Ziegen oder sogar Schweinen angeflogen, andere wiederum hatten statt eines Hexenbesens nur eine Mistgabel. Die Schlimmste von ihnen war die *Hexe Mobesin*. Sie machte sich einen Spaß daraus, als riesige schwarze Katze zu erscheinen, um sich dann vor aller Augen wieder in ein menschliches Wesen zu verwandeln.

Auf dem Fischmarkt begann der Hexentanz. Mit wilden Kränzen in ihren fliegenden Haaren, die Blusen bis zum Rockbund geöffnet, die

Kleider bis über die Knie in unanständigster Weise hochgerafft, tanzten sie, die unflätigsten Lieder singend, im Kreise herum. Niemand hätte es gewagt, den Hexensabbat zu beobachten, denn das wurde von den bösen Weibern und ihren Kumpanen streng bestraft.

Der bucklige Spielmann

Eines Nachts jedoch passierte Folgendes: Ein armer Spielmann kam langsam die Spitzgasse zwischen dem kleinen Münsterplatz und dem Fischmarkt entlang. Traurig schleppte er seinen Geigenkasten, denn ihn drückte große Not. Wieder war es ihm nicht gelungen, an diesem Abend ein wenig Geld mit seinem Geigenspiel zu verdienen. Wovon sollte er jetzt seinen Kindern etwas zu Essen kaufen? Der Mann war verzweifelt, weil er keinen Ausweg aus seiner Misere fand. Er war ein hervorragender Musiker, aber er hatte einen Makel. Da, wo andere einen geraden und langen Rücken hatten, wuchs ihm ein schrecklicher Buckel. Dieser Höcker verhinderte, dass der bucklige Geiger jemals wirklich zu seinem Spiel kam, denn in den Wirtschaften, in denen Spielleute wie er ihr Geld verdienten, machten sich die Gäste lieber über ihn lustig, statt seiner wunderbaren Musik zu lauschen. So kam es, dass er meist schon nach kurzer Zeit aus den Wirtshäusern geworfen wurde.

Der arme Mann hatte auf seinem Weg nach Hause nicht auf die Zeit geachtet und so geschah es, dass er sich am Fischmarkt plötzlich mitten unter den Hexen wiederfand. Dort wurde er allerdings mit großem Hallo begrüßt, denn die Hexen waren es leid, Nacht für Nacht selbst singen zu müssen. Kurzerhand forderten sie ihn auf, ihnen doch ein Liedchen zum Tanze zu spielen.

Vor Schreck ganz starr und voller Angst öffnete der Bucklige seinen Geigenkasten. Sobald er jedoch sein Instrument hob, fand er seine Sicherheit wieder. Er begann mit dem ersten Tanz und die schauerliche Gesellschaft tanzte nach seinen Klängen. Wie im Flug verging die Geisterstunde, denn der bucklige Spielmann kannte viele fröhliche Melodien. Nach einer Stunde war der Spuk vorbei. Die Hexen mussten zurück.

Der Lohn der Hexen

Da kam die Mobesin auf den Buckligen zu und sprach: „Spielmann, du hast uns sehr gut unterhalten. Dafür möchten wir dir danken. Du hast einen Wunsch frei, sei er auch noch so ungewöhnlich." Da antwortete ihr der Bucklige: „Frau, ich kann mein Geld als Spielmann nur sehr schlecht verdienen, weil sich alle mehr an meinem Buckel als an meinem Spiel erfreuen. Mein größter Wunsch wäre, wenn ich in Zukunft mit einem geraden Kreuz durch Aachen laufen könnte." Da lächelte die Mobesin, murmelte ein paar geheimnisvolle Worte und nahm dem Buckligen seinen Buckel ab.

Von nun an ging er mit geradem Rücken seiner Musik nach. Da die anderen Leute nun keinen Grund mehr hatten, ihn zu verspotten, begannen sie, auch seiner Musik zu lauschen. Schon bald konnte der Spielmann mit seiner Familie in Freuden leben.

Ein anderer buckliger Spielmann jedoch, der neidisch auf seinen Kollegen war, hatte von der Geschichte gehört. Er dachte sich: „Ei, da sollen die Hexen auch mir helfen."

Er war jedoch nicht nur ein lausiger Musiker sondern außerdem hinterhältig und heimtückisch. Eines Nachts versteckte er sich am Fischmarkt, um den Hexensabbat zu beobachten. Als er von den Hexen entdeckt wurde, behauptete er, ihnen nur zum Tanz aufspielen zu wollen. Er spielte jedoch so schlecht und lustlos, dass bei den Hexen in dieser Nacht kein echtes Vergnügen aufkam. Als die Geisterstunde beendet war, kam die Mobesin deshalb auf ihn zu und sprach: „Du hast uns heimlich beobachtet und weißt, dass wir das bestrafen. Außerdem hast du dir keine Mühe gegeben, uns mit deinem Geigenspiel zu unterhalten. Nimm nun dafür deinen gerechten Lohn." Damit zog sie hinter ihrem Rücken den Buckel hervor, den sie dem anderen Spielmann abgenommen hatte und sprach: „Zur Strafe sollst du von nun an nicht nur einen, sondern zwei Buckel tragen."

11 Die Geschichte der Hexe Mobesin

In der alten Stadt Aachen lebten die Menschen vor Hunderten von Jahren meist im Rhythmus der täglichen Messen, weshalb in den Kirchen fast immer ein großes Gedränge herrschte. Die Bürger verstanden sich als gottesfürchtig, fleißig und rechtschaffen.

Doch selbst die gottesfürchtigste Stadt bleibt von Gesindel nicht verschont. So lebte in der Aachener Altstadt eine geheimnisvolle Frau. Niemand hatte ihre wahre Gestalt je zu Gesicht bekommen, denn wahlweise verließ sie als verhutzelte Alte oder als hübsche Junge ihre vier Wände. Misstrauisch beäugten die Nachbarn das großzügige Anwesen der geheimnisvollen Dame. Sie lebte noch nicht sehr lange in Aachen und die Gerüchteküche kochte. Sie sei eine Witwe, hieß es. Andere meinten, sie käme aus Köln und es sei ihr dort der Prozess wegen Gattenmordes gemacht worden. Man habe ihr jedoch nichts nachweisen können, weil sie den Richter und alle Beisitzer durch ihren Zauber verwirrt habe. So spann sich immer mehr Tratsch um die schöne Frau von Thenen, eine geborene Maubach, die man schließlich nur noch die *Mobesin* nannte.

Hexenspuk und Zauberei

Sie sei eine Hexe, hieß es. Um Mitternacht, zur Geisterstunde, sei sie die Anführerin der Hexen und Hexenmeister, die sich meist am Fischmarkt zum Tanze träfen. Sie verwandele sich in eine große schwarze Katze, um dann auf ihrem Besenstiel über das nächtliche Aachen zu fliegen. Die Nachbarinnen schworen, ihnen sei die Muttermilch sauer geworden, als sie die Mobesin aus dem Haus haben gehen sehen. Andere glaubten, ihre Kinder seien gestorben, weil böse Geister, von der Mobesin geschickt, sie geholt hätten. Wieder andere schworen, dass die Hühner keine Eier mehr legen würden, weil die Hexe sie verwünscht habe.

Manch andere jedoch wussten sich die Kenntnisse der Hexe in Sachen Zauberei und Kräuterkunde zunutze zu machen. So schlichen immer wieder heimlich junge Frauen zu ihrem Haus in der Nähe der Kockerellstraße, um Liebestränke zubereiten zu lassen oder sich einer ungewollten Schwangerschaft zu entledigen. Manchmal kamen aber auch Männer, die eine ungeliebte Ehefrau loswerden wollten, oder denen ein Konkurrent allzu großen Ärger bereitete.

Sie alle bekamen Kräutermischungen und Tränke an der Haustüre der Mobesin verkauft, die dann mehr oder weniger ihren Dienst taten. Das heizte das Gerede über die Aachener Hexe immer noch mehr an.

Ein klapperndes Dach und ein mutiger Handwerker

Eines Tages jedoch sollte ein Ereignis allem bisherigen Tratsch die Krone aufsetzen:

Das Haus der Mobesin war, wie viele andere Häuser in Aachen, noch mit Holzschindeln gedeckt. Die lösten sich nach einiger Zeit und klapperten schrecklich bei jedem Wind. Es war so schlimm, dass die Nachbarn glaubten, alle bösen Geister der Hölle würden bei Sturm auf dem Dachboden der Mobesin ihr Unwesen treiben.

So musste schließlich ein Dachdecker gerufen werden, der die Dachziegel wieder befestigen sollte.

Ein mutiger Geselle wagte sich forsch an den Auftrag heran. Kein anderer aus seiner Zunft hatte es gewagt, auf das Dach der Hexe hinaufzusteigen. Der junge Mann jedoch lachte nur und rief: „Die Alte wird mich schon in Ruhe lassen, wenn sie nicht will, dass der Regen ihr weiter durch das Haus läuft!“ Sprach’s, packte sein Werkzeug zusammen und begab sich zum Haus der Hexe.

An der Haustüre wurde er von einem seltsamen alten Diener hereingelassen. Der Mann war so blass, dass der Geselle dachte, er stünde dem Tod persönlich gegenüber. Schweigend geleitete ihn der seltsame Kerl über die Hintertreppe hinauf auf den Dachboden. Zu seinem großen Erstaunen sah es dort genauso aus, wie auf jedem anderen Dachboden in Aachen auch. Alte Möbel und Hausrat, der seit Langem nicht mehr gebraucht wurde, standen herum. An manchen Stellen waren Eimer aufgestellt, damit das Regenwasser nicht weiter ins Haus hineintropfen konnte. Ansonsten war der Boden weder unheimlich noch außergewöhnlich. Er war sogar ziemlich sauber. Das hatte der Dachdeckergeselle nicht vermutet.

Also kroch er durch eine Dachluke hinaus ins Freie. Als er so hoch oben über die Dächer von Aachen schauen konnte, den Dom und das Rathaus im Blick, da wurde sein Herz leicht und frei und er begann, sogar ein kleines Liedchen zu pfeifen. Schnell ging ihm die Arbeit von der Hand. Er besserte die Schindeln aus und schlug behände einen Holzzapfen nach dem anderen ein.

Die schwarze Katze

Da plötzlich schauderte es ihn. Erschrocken hielt er mit der Arbeit inne. Warum hatte ihn ein kalter Luftzug gestreift? Das Wetter war perfekt zum Reparieren eines Dachs. Es war Sommer, es war warm und dennoch, irgendetwas stimmte hier nicht, denn es fröstelte ihn.

Schnell blickte er hinter sich. In seinem Rücken saß eine riesige schwarze Katze. Ruhig blickte sie ihn mit feurig glühenden Augen an. Wie lange mochte das grausige Tier ihm schon bei der Arbeit zugesehen haben? Kurz erstarrte der Dachdecker vor Schreck. Besann sich aber und setzte seine Arbeit fort. Jedoch längst nicht mehr so froh wie vorher, denn das grausige Tier wollte ihm nicht mehr von der Seite weichen. Schließlich packte den Gesellen die Wut. Was wollte diese verdammte Katze? Warum schlich sie immerzu um ihn herum und schaute ihn mit ihren grässlichen Augen an? Er wurde immer fahriger in seiner Arbeit.

Längst traf er die Holzpinne nicht mehr beim ersten Schlag. Die eine oder andere Schindel hatte er schon entzweigeschlagen. Als ihm das Tier wieder einmal näher rückte und dabei seltsame, brummende Geräusche von sich gab, holte er wütend mit seinem Hammer aus und schlug dem Tier drei Krallen ab.

Mit einem schrecklichen Fauchen und gesträubtem Fell sprang die Katze davon.

Gleichzeitig jedoch überschlugen sich die Ereignisse. Der Hammer fiel vom Dach und verfehlte knapp eine neugierige Nachbarin, die die Szene beobachtet hatte. Die drei Krallen, in Blut getränkt, begannen zu zucken und sich zu regen. Gleichzeitig mit dem Verschwinden der Katze hörte man im Haus den markerschütternden Schrei einer Frau. Vor Schreck wäre der Dachdecker fast seinem Hammer gefolgt, als er sah, dass sich die Krallen in Frauenfinger verwandelten.

So schnell er konnte, raffe er sein restliches Werkzeug zusammen und stürzte die Treppe hinunter, die er gekommen war.

Kreidebleich wankte er ins nächste Wirtshaus, wo er offene Ohren für seine schauerliche Geschichte und ein alkoholisches Getränk zur Beruhigung fand. Jetzt hatten die Aachener genug von der unheimlichen Nachbarin. Einige mutige Männer fanden sich, um das Haus der Mobesin zu stürmen.

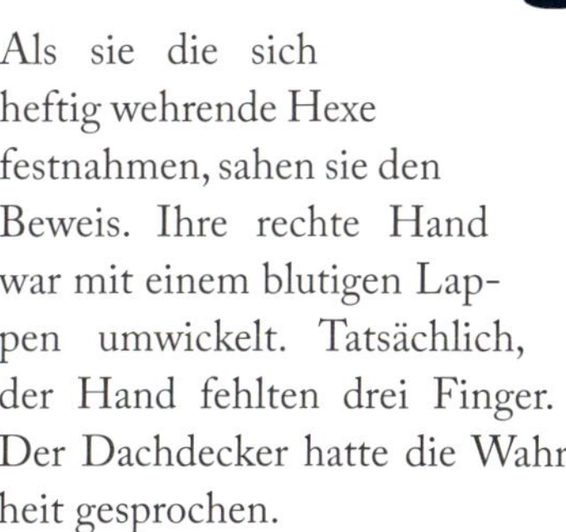

Als sie die sich heftig wehrende Hexe festnahmen, sahen sie den Beweis. Ihre rechte Hand war mit einem blutigen Lappen umwickelt. Tatsächlich, der Hand fehlten drei Finger. Der Dachdecker hatte die Wahrheit gesprochen.

Empört brachten die Aachener die Mobesin ins Grashaus beim Fischmarkt. Drei Tage lang dauerte es, bis man in der Acht, dem Gerichtsgebäude am heutigen Katschhof, alle Untaten aus ihr herausgepresst hatte. Dazu waren mehrere peinliche Befragungen unter der Folter nötig, bei denen der Henker immer wieder mit Wein bestochen werden musste, damit er sein schauerliches Werk auch ausführte. Schließlich hatte die Hexe nichts mehr zu gestehen. Sie wurde zum Tode verurteilt und gleich am folgenden Tag im Hinterhof des Grashauses mit einem Schwert enthauptet. Danach brachte man ihren Leichnam auf den Galgenberg, den Königshügel, wo die aufgebrachte Aachener Bevölkerung schon rund um einen großen Scheiterhaufen stand. Auf diesem Scheiterhaufen wurde die Mobesin schließlich verbrannt.

Aachener Printen
Vollm. Mandel
Platte ca. 260 g
Schokol. Mandel Bruch
mit feinen Mandelsplittern
Platte ca. 260 g
7,55 €
100g = 2,90€
Kräuter Mandel Bruch
mit halbierten Mandeln
Platte ca. 210 g
6,80 €

12 Wie die Aachener das Rezept für die Printen bekamen

Der 2. Mai 1656 sollte die Stadt Aachen für immer verändern. Bei Bäckermeister Mauw aus der Jakobstraße brannte der Kamin. Das Feuer breitete sich an diesem warmen Frühlingsmorgen mit rasender Geschwindigkeit aus.

Als die Feuer nach Tagen endlich gelöscht waren, gab es die alte Stadt Aachen nicht mehr. Die Aachener waren nicht nur obdachlos, sondern auch mittellos geworden.

Da hatten die Bäckermeister eine Idee. Die Stadt war durch den Brand in einer Bäckerei zerstört worden. Also wollte man mit einem neuen Backwerk helfen, die Stadt wieder aufzubauen. Es war allgemein bekannt, dass schon zur Zeit Kaiser Karls des Großen ein besonderes Gebäck am kaiserlichen Hof gegessen worden war. Angeblich hatte Kaiser Karls Gesandter Isaak das Rezept auf seiner Reise nach Bagdad von Harun al Raschid persönlich erhalten. Nach diesem Rezept war ein köstlicher Lebkuchen gebacken worden.

Soweit man sich erinnern konnte, war das Original des Rezepts dem alten Kaiser Karl sogar mit ins Grab gegeben worden. Da man keine Kopien besaß, denn die Archive der Stadt waren allesamt vernichtet, musste jemand in die Gruft steigen, um das Rezept bei Kaiser Karl persönlich abzuholen.

Gerade darin bestand jedoch das Problem. Der Eingang zur Karlsgruft war verschollen. Keiner wusste sich zu erinnern, wo man Kaiser Karl 814 beigesetzt hatte.

Der Pakt mit dem Teufel

Die Bäcker waren verzweifelt. Es dauerte jedoch nicht lange, da kam der Teufel ihnen zu Hilfe: „Ich habe gehört, Ihr wollt den alten Kaiser Karl in seiner Gruft aufsuchen, um von ihm das Rezept für ein besonderes Lebkuchengebäck zu erhalten?", sprach er zu den Bäckern. „Ei, da werde ich Euch wohl helfen können, denn ich weiß den Eingang genau." – „Würdest du ihn uns denn zeigen?", fragten die Bäckermeister skeptisch. „Oh ja", antwortete der Teufel, „und mein Preis ist nicht besonders hoch. Ich möchte nur den Schlüssel zur Domschatzkammer dafür haben."

Der Schlüssel zur Domschatzkammer war natürlich ein sehr hoher Preis. Den Bäckern war jedoch klar, dass sie keine andere Wahl hatten. Also ließen sie sich schweren Herzens auf den Pakt mit dem Teufel ein.

Das nächste Problem war jedoch, jemanden zu finden, der mutig genug war, mithilfe des Teufels in die Gruft hinabzusteigen. Wie so oft traf es einen, der sich nicht wehren konnte.

Ein Bäckerlehrling, der noch nicht lange seinem Meister diente, sollte die Aufgabe übernehmen.

Der war jedoch ein cleveres Bürschlein. Ein echter Aachener Lausebengel, „'ne Duemjroef" aus der Aachener Altstadt. Mutig versprach er seinem Meister, das Rezept zu besorgen.

Ein schauerlicher Besuch bei Kaiser Karl

So kam es, dass sich eines Nachts seltsame Schatten rund um den Dom bewegten. Der eine war der des Jungen, der andere trug Hörner und einen Pferdefuß. Der Teufel wusste in der Tat den Ort, an dem sich Kaiser Karls letzte Ruhestätte befand. Nach einigem Ziehen und Zerren öffnete sich die Tür des alten Grabzugangs. Sie quietschte fürchterlich in ihren Angeln, gab aber endlich nach und machte den Weg in die Gruft frei.

Moderiger, feuchter Geruch hing über dem Raum. Dem armen Bäckerjungen lief es eiskalt den Rücken hinunter. Er nahm seinen ganzen Mut zusammen und ging im Fackelschein auf den Thron zu, auf dem der würdige tote Herrscher saß. Kaiser Karls Körper war unversehrt. Nur seine Nasenspitze hatte Jahrhunderte zuvor Kaiser Otto III. durch einen kleinen Goldklumpen ersetzt. Tonlos klang die Stimme des Toten, als er den Jungen ansprach: „Wer wagt hier meine ewige Ruhe zu stören?" – Erschrocken fiel der Knabe auf die Knie: „Majestät", stammelte er, „ehrwürdiger Kaiser Karl. Nie hätte ich gewagt, deinen Frieden zu stören. Aber, glaube mir, deine Lieblingsstadt Aachen ist in großer Not. Alle Häuser, Klöster und Kirchen hat ein schreckliches Feuer zerstört. Nur deine ehrwürdige steinerne Marienkirche, unser Öcher Münster, konnte dem Inferno trotzen. Die Aachener sind völlig verarmt. Sie haben nichts mehr. So haben die Bäckermeister beschlossen, mithilfe eines besonderen Backwerks ihren Anteil am Wiederaufbau der Stadt zu leisten. Sie haben sich an ein Rezept erinnert, das dir seinerzeit der ehrwürdige Harun al Raschid aus Bagdad gesandt hat. Bitte, lieber, ehrwürdiger Kaiser Karl, überlasse den Bäckern das Rezept, damit Aachen wieder erblühe, größer und schöner als je zuvor." Kaiser Karls erkaltete Gesichtszüge verzogen sich zu etwas wie einem Lächeln. „Wenn es weiter nichts ist und ich meiner alten Residenzstadt damit aus großer Not helfen kann. So nehme hier diese Pergamentrolle. Gib acht, dass sie nicht bricht, sie ist reichlich trocken geworden im Laufe der letzten 800 Jahre." Überglücklich nahm der Bäckerjunge die Rolle, bedankte sich artig und machte schnell, dass er von diesem gruseligen Ort wegkam.

So schnell es ging, lief er mit seinem wertvollen Geschenk zum Meister. Noch in derselben Nacht begann dieser, nach dem Rezept Lebkuchen zu backen. Der Teig war sehr fest und so bot es sich an, mithilfe von hölzernen Formen, den Modeln, Figuren zu gestalten. Die Bäcker nannten dieses neue Gebildgebäck *Printe*.

Und in der Tat, es wurde ein Kassenschlager. Reisende, Pilger und natürlich auch die Aachener selbst konnten nicht genug vom köstlichen Printengebäck bekommen.

Wie der Teufel mal wieder überlistet wurde

Dass der Teufel noch seinen Preis, den Schatzkammerschlüssel, zu bekommen hatte, das hatten die Bäcker längst verdrängt. Am liebsten dachten sie nicht mehr darüber nach. Doch eines Tages geschah es. Der Teufel tauchte bei dem mutigen Lehrjungen in der Backstube auf und forderte seinen Lohn.

Dem Knaben gefror das Blut in den Adern. Wo um Himmels willen sollte er den Schlüssel zum Domschatz herbekommen? Die Domherren würden ihn mit Sicherheit nicht herausrücken. Also versuchte er, Zeit zu schinden.

Mit freundlichem Lächeln sprach er zum Teufel: „Natürlich, ehrwürdiger Herr der Finsternis, sollst du deinen gerechten Lohn bekommen. Aber bevor ich den Schlüssel holen will, sollst du einer der Ersten sein, der von dem neuen Gebäck kostet, das ich nach Kaiser Karls Rezept gerade frisch gebacken habe." Mit diesen Worten zog er ein ganzes Blech mit fein glänzenden Printen aus dem Ofen.

Wie der Teufel nun den herrlichen Geruch wahrnahm, da lief ihm das Wasser im Munde zusammen. „Bitte sehr, bedien' dich", forderte ihn der Bäckerjun-

ge freundlich auf. „Warm schmecken die Printen am besten“, fügte er listig hinzu.

Da griff der Teufel freudig zu. Welch teuflisch gutes Gebäck! Was für ein herrliches Aroma. Das Gebäck zerging so warm auf der Zunge, dass er nicht an sich halten konnte. Gierig schlang er alle Printen auf dem großen Blech hinunter. Doch, zur Hölle, was war das?

Kaum hatte er das Backblech leer gefressen, da rumorte es in seinem Magen und in den Gedärmen. Höllische Magenschmerzen befielen den gierigen Teufel, kaum konnte er die Krämpfe in seinem Bauch aushalten.

Fluchend und schreiend ließ er die Erde erbeben. Der Boden der Bäckerei erzitterte und durch ein feuerspeiendes Loch fuhr der Teufel geradewegs zurück in die Hölle hinab.

Dabei hatte er den Schatzkammerschlüssel völlig vergessen. Der Teufel ist seitdem nie wieder in Aachen gesichtet worden.

blue
GUESS

13 Die Geschichte vom Bahkauv – dem Aachener Bachkalb

Einer der markantesten Aachener Brunnen steht am Büchel in der Nähe des Kaiserbades. Das Bad hat seinen Namen von der darunter liegenden Kaiserquelle. Diese haben schon die Römer als Versorgungsquelle für ihre Thermen am Büchel genutzt. Kaiser Karl soll darin mit bis zu 100 Personen gleichzeitig gebadet haben, so berichtet jedenfalls sein Biograf Einhard in einer zeitgenössischen Karlsbiografie.

Nun denn, die Quellen sprudeln in Aachen schon seit 15.000 Jahren. In der Innenstadt kommen sie aus fast 1.500 m Tiefe und sind immerhin fast 53° C heiß. Vor den Römern wurden sie mit Sicherheit schon von den Völkern, die damals im Aachener Raum lebten, genutzt. Quellhaine galten bei den Menschen von jeher als etwas Geheimnisvolles und Mystisches. Rund um die Kaiserquelle verehrte man schon vor der Zeit der Römer den stierköpfigen Gott Grannus.

Allerdings war den Menschen damals das warme, stinkende Quellwasser nicht so ganz geheuer. Mit Sicherheit wussten sie keine wissenschaftliche Deutung für dieses Phänomen. Also suchte man eine praktische Erklärung: Es wurde vermutet, dass tief in den Quellen Ungeheuer leben, drachenähnliche Wesen, die mit ihrem Feueratem das Quellwasser anheizen.

So entstand die Vorstellung von einem Quellenwächter, dem Stierkopf tragenden Bachkalb, dem *Bahkauv*.

Das Bahkauv lebt meist tief im Kolbert, den Abflüssen der Kaiserquelle. Es erscheint zum ersten Mal auf der Bildfläche, als ausgerechnet Pippin der Kurze, Kaiser Karls Vater, hier in Aachen zu Bade liegt. Pippin greift zu seinem Schwert und mit einem mächtigen Schwertstreich schlägt er dem Bahkauv den grausigen Schwanz ab.

Danach ist das grässliche Untier für Jahrhunderte im Kolbert verschwunden.

Eines Nachts jedoch passierte Folgendes: Ein Mann war über den Büchel unterwegs nach Hause. Er war spät dran und reichlich betrunken, denn er war bei den Aachener Wirten ein gern gesehener Gast. Der Gastwirt hatte noch gescherzt, er solle sich vor dem Bahkauv in Acht nehmen, wenn er über den Büchel käme. Der Mann hatte lallend abgewunken: „Das Bahkauv werde ich schon abschütteln!“ Wie er nun so heimwärts torkelte, da sprang mit einem Mal das Untier aus den Tiefen der Abflüsse hervor. Der Mann erschrak zutiefst vor dem Anblick, der sich ihm bot. Aus den Nüstern des Stierkopfs kam schwefeliger Rauch. Riesige Tatzen griffen nach seinen Schultern. Das Untier war mit einem fürchterlichen, schuppigen Körper ausgestattet, aber leider schnell und behände auf seinen grässlichen krummen Beinen unterwegs. Das Schlimmste allerdings waren die Augen. Sie glühten, wie von einem inneren Feuer genährt. Erschrocken vergaß der Mann seine Trunkenheit und lief, so schnell er konnte, in Richtung seiner Haustür. Aber was war das? Die Tür war verschlossen. Hatte seine Frau ihre Drohung wahrgemacht und ihn ausgesperrt? Voller Verzweiflung polterte der arme Mann gegen die Türe und rief: „Bäbbsche, Bäbbsche, mach die Dör op, dat Bahkauv is henger misch.“

Seiner Frau, die lauschend hinter der Türe gestanden hatte, lief es eiskalt den Rücken hinunter. Schnell drehte sie den Schlüssel im Schloss und ließ den Unglücklichen zur Türe hinein. Der Mann jedoch kam nie wieder richtig zu sich. Drei Tage später, so munkelten die Nachbarn, sei er an seinem Schrecken gestorben.

Seitdem warnen die Aachener einander und ihre Gäste, nicht in betrunkenem Zustand über den Büchel nach Hause zu gehen, denn dort springe einem das Bahkauv in den Nacken.

Zur Ehrenrettung der Aachener muss man allerdings erklären, warum die Öcher im Mittelalter so viel Alkohol zu sich nehmen mussten. Aachen war eine Tuchmacherstadt. Die billigste Farbe für die Tücher war

Blau. Dazu brauchte man nur drei Teile: 14 Tage schönes Wetter, eine Pflanze mit dem Namen Färberwaid und Urin, am besten den mit einem ordentlichen Anteil Restalkohol. Also tranken die Färber, während sie färbten, fleißig alkoholische Getränke, damit sie die eingeweichten Tuche stets mit frischer Flüssigkeit abdecken konnten. Danach brauchten sie nur noch umzurühren. Abends kamen sie dann ziemlich „blau" nach Hause.

14 Das Haupt der heiligen Anna

In Kornelimünster bei Aachen lebte eine Frau mit ihrem Sohn. Der Junge war ihr Ein und Alles. Mit großer Mühe war es ihr gelungen, ihn nach dem frühen Tod seines Vaters allein großzuziehen. Sie hatte es sogar geschafft, dass der einzige Steinmetz am Ort ihn zu sich in die Lehre genommen hatte. So war aus dem Sohn mit den Jahren ein geschickter und fleißiger Handwerker geworden.

Als nun seine Lehrzeit vorbei war, packte er sein Bündel, verabschiedete sich mit leichter Wehmut von der Mutter und begab sich auf Wanderschaft, so, wie es in Handwerkerkreisen üblich war. „Sei nicht traurig, liebe Mutter“, sagte er zum Abschied. „Ich ziehe hinaus in die Welt und werde hoffentlich viele fremde Städte kennen lernen und als ein rechter Meister in meinem Handwerk zurückkehren.“

So zog er fröhlich über die Höhen der Eifel hinaus in die Welt. Überall, wo er ankam, fragte er nach Arbeit. An vielen Kirchen und Häusern war er ein gern gesehener Handwerker. Viele gute Meister brachten ihm neue Techniken und Tricks bei. Von manchen lernte er jedoch auch, dass schlechte Arbeit und Faulheit auf Dauer kein Geld in die Taschen bringen. Denn nicht jeder seiner Kollegen war so fleißig wie er selbst.

Der Dom zu Mainz und ein unordentlicher Dachboden

So war der junge Mann schon drei Jahre auf Wanderschaft, als er schließlich nach Mainz kam. Dort wurde am Dom zu Ehren des heiligen Martin von Tours gearbeitet. Hier brauchte man viele Handwerker. Bei einem Steinmetzmeister fand er Arbeit in der Domhütte.

Die Arbeit in Mainz machte ihm viel Freude und er konnte eine Menge neuer Erfahrungen sammeln. Aber sein Meister war nicht ehrlich. Immer wieder zögerte er, seinen Arbeitern ihren gerechten Lohn zu zahlen. Eines Tages jedoch war er aus der Stadt verschwunden und hatte auch das Geld mitgenommen, das seinen Arbeitern als Lohn zustand. Der Junge aus Kornelimünster und alle seine Kollegen gingen leer aus.

Da beschloss der junge Steinmetz, dass es an der Zeit sei, nach Kornelimünster zurückzukehren. Er schnürte sein Bündel und stieg schweren Herzens zum letzten Mal auf das hohe Gerüst, das den Dom umgab. Über die hohen Mauern kam er schließlich unter das Dach des alten, ehrwürdigen Doms zu Mainz. Dort staunte er nicht schlecht über die Unordnung, die auf dem Dachboden herrschte. Offensichtlich hatte hier seit Jahrhunderten niemand mehr richtig für Ordnung gesorgt. Überall lagen Bretter und Steinhaufen herum. Über einen der Steinhaufen wäre er fast gestolpert. Da sah er zu seinem großen Erstaunen, dass es kein Stein war, der ihn fast zu Fall gebracht hätte. Es war ein Totenschädel, dessen hohle Augen ihn anstarrten und dessen fleischloses Gebiss ihn anlächelte. Erstaunt nahm der Junge den Schädel auf. „Wer bist du?“, fragte er, ohne eine Antwort zu erwarten. Neugierig suchte er den Ort ab. Und tatsächlich – unter dem Schutt fand er die Reste eines Reliquienkästchens. Unter dicken Schichten von Staub konnte er mühsam einen Namen entziffern: Sancta Anna.

Die heilige Anna. Der junge Mann wurde starr vor Schreck. Sollte er wirklich hier das Haupt der Großmutter Jesu Christi in den Händen halten, er, ein einfacher Handwerker? Gottesfürchtig, wie er war, legte er den Schädel wieder auf den Boden zurück. „Heilige Mutter Gottes, vergib mir“, so betete er zum Himmel. Da passierte etwas Seltsames. Den ganzen Tag über hatte es geregnet. Und nun, mit einem Mal, schien ein Strahl der Sonne durch eine Dachluke und traf auf das Reliquiar. Der junge Steinmetz erschrak, aber er deutete den Sonnenstrahl als ein Zeichen des Himmels. Also, dachte er sich, wenn die Mainzer so respektlos mit ihren Reliquien umgehen, dann werde ich das Haupt der heiligen Anna eben mit nach Kornelimünster nehmen. So sei die Heilige mein Lohn, den ich vom Meister nicht bekommen habe.

Kurz entschlossen öffnete er sein Bündel und tat den Schädel mitsamt den Resten seines Kästchens hinein und legte alles zusammen in seine Kiepe.

Die Rückkehr nach Kornelimünster

Schon einen Tag später machte er sich auf die Heimreise nach Kornelimünster.

Dort wurde er von seiner Mutter und seinen Freunden herzlich empfangen. Gerne nahm ihn der örtliche Steinmetz wieder in seinen Betrieb auf. Er versprach ihm sogar seine Tochter zur Frau und die Werkstatt als Erbe, wenn er selbst nicht mehr arbeiten könne. So hatte der junge Steinmetz eine glückliche Zukunft vor sich. Allerdings drückte ihn das schlechte Gewissen. Inzwischen war er sich nicht mehr sicher, ob es richtig gewesen war, das Haupt der heiligen Anna einfach so aus Mainz mit nach Kornelimünster zu nehmen. Er beschloss, beim Prior der Benediktinermönche eine umfassende Beichte abzulegen, um sein schlechtes Gewissen zu beruhigen. Der Prior hörte sich seine Geschichte mit zunehmendem Interesse an. Die Aussicht, das Haupt der heiligen Anna zusätzlich zu den Salvatorreliquien aus dem Schatz des Aachener Doms und den Reliquien des heiligen Kornelius und Cyprianus zu besitzen, reizte ihn. Ein solcher Reliquienschatz könnte sich weit über Aachen hinaus sehen lassen und selbst den des Aachener Doms in den Schatten stellen. Das war doch eine äußerst interessante Beichte, die dieser einfache Mann da vor ihm ablegte. Natürlich verzieh er dem Jungen seinen Frevel, verdonnerte ihn zum Beten einiger Rosenkränze und trug ihm auf, das Haupt der Heiligen sofort in die Obhut von Mutter Kirche zurückzugeben. Ansonsten würde die Absolution nicht wirksam!

Der junge Steinmetz war sehr erleichtert. Wie gut hatte sich doch sein Schicksal gewendet. Seine Zukunft war gesichert und er war überzeugt, dass die heilige Anna an seinem Glück ihren Anteil hatte.

Der Prior jedoch lief, so schnell er konnte, zum Fürstabt von Kornelimünster. Freudig erzählte er ihm von dieser unverhofften Erweiterung des Reliquienschatzes. Der Abt lobte ihn wegen seines klugen und besonnenen Vorgehens. Umgehend gab er bei Meister Tillmann, einem großen Holzkünstler, einen neuen Reliquienaltar in Auftrag. Der sollte das Haupt der heiligen Anna in der Pilgerkirche, der Propsteikirche St. Kornelius, aufnehmen. Meister Tillmann machte sich sofort ans Werk.

Wie die heilige Anna nach Düren kam

Nach Hause zurückgekehrt, erzählte der junge Steinmetz seiner Mutter nun endlich die ganze Geschichte. Die alte Frau jedoch durchschaute die Habgier des Priors. Sie wollte das Glück ihres Sohnes nicht in Gefahr sehen. Also beschwor sie den Jungen, er solle das Haupt der Heiligen sofort wieder nach Mainz zurückbringen, denn dort habe man es Jahrhunderte gehütet und verehrt. Auch wenn es ein wenig in Vergessenheit geraten sei, dürfe man seine Seele nicht mit dem Frevel eines Reliquiendiebstahls belasten. Da nahm der junge Mann schweren Herzens erneut den Schädel in sein Bündel, legte wieder alles zusammen in seine Kiepe, verabschiedete sich von Mutter und Braut und zog zurück in Richtung Mainz.

Doch was war das? Er war noch nicht weit gekommen, da war es ihm, als würde sein Bündel in der Kiepe immer schwerer. Lang zog es ihm den Rücken, er lud es auf die Schulter, doch sofort drückte es ihn nieder. Je weiter er sich von Kornelimünster entfernte, umso schwerer wog es. Der sonst so kräftige junge Mann war kaum noch in der Lage, seine Kiepe zu tragen.

Inzwischen war er bis nach Düren gelangt. Dort aber ging nichts mehr. Er kam kaum noch vom Fleck. Das Haupt der heiligen Anna wog inzwischen so schwer wie ein Fels.

Gerade hatte er am Westtor die Dürener Stadtmauer durchschritten, da begannen in der ganzen Stadt die Glocken zu läuten, ohne dass ein Mensch an ihren Seilen gerührt hätte. Die Menschen liefen erschrocken am Westtor zusammen. Aufgeregt hörten sie von dem völlig erschöpften jungen Steinmetz, der das Haupt der heiligen Anna in seiner Kiepe transportiere und sich nicht mehr weiterrühren könne, weil der Schädel der Heiligen mit jedem Schritt schwerer würde. Ehrfürchtig sanken die Menschen auf die Knie. Sie deuteten das zunehmende Gewicht der Reliquie und das anhaltende Glockengeläute als ein Wunder. Die Zeichen waren eindeutig, die heilige Anna sollte in der Stadt Düren bleiben. In einer feierlichen Prozession brachten sie die Reliquie in die Dürener Martinskirche.

Nun hörte aber auch der Bischof von Mainz von den seltsamen Vorkommnissen in Kornelimünster und Düren. Entschieden forderte er die Reliquie zurück. Die Dürener einigten sich mit dem Mainzer Bischof darauf, dass das Haupt der heiligen Anna auf einen Ochsenkarren gelegt werden sollte. Die Reliquie sollte der Stadt gehören, in der die Ochsen haltmachen würden. Man brachte nun den Karren mit den Ochsen vor die Tore der Stadt Düren. Dort verband man den Ochsen die Augen. Sobald diese jedoch losgelassen wurden, drehten sie sich mitsamt dem Karren um und trotteten zurück in ihren Stall nach Düren. Das war ein eindeutiges Zeichen. Das Haupt der heiligen Anna kehrte in die Martinskirche zurück. Seitdem wird die Reliquie in Düren verehrt.

Die Kirche wurde in Anna-Kirche umgetauft und die Heilige zur Schutzpatronin über die Stadt erhoben.

Den Anna-Altar in Kornelimünster hat Meister Tillmann zwar fertig gestellt, aber er blieb leer. Bis heute ist er in der Pilgerkirche von St. Kornelius zu bewundern.

Teil II – Wahre Geschichten, die fast Legende sind

15 Das Narrenschiff

Aachen gilt zu Recht als karnevalistische Hochburg. Wenn es um Narretei und Humor geht, stehen die Aachener den Kölnern in nichts nach. Es geht um das Lebensgefühl der Rheinländer im „Westzipfel" und da spielt die fünfte Jahreszeit eine ganz besondere Rolle.

Das Geburtsjahr des Aachener Karnevals kann sogar genau datiert werden. Auf das Frühjahr des Jahres 1133 wird in der Aachener Stadtgeschichte ein Ereignis datiert, das dort so beschrieben steht: feierliche Einholung des „Landschiffs von Kornelimünster in Aachen vor seiner Weiterfahrt nach Maastricht und anderen Orten". Ein Landschiff, was sollte das sein? Hier ist die Geschichte dazu.

Ein Schiff fährt übers Land und ein Abt empört sich

Der Aachener Karneval beginnt früh – sehr früh. Närrisch viermal die Elf enthält das Jahr 1133, in dem das Narrenschiff Kornelimünster verließ. Es war eine Sensation. Ein Schiff, auf dem Landweg, auf Rädern! Kein Wunder, dass die Menschen dort zusammenliefen, wo das Schiff vorbeikam. So rollte es unter großer Anteilnahme der Bevölkerung sicher ein paar Wochen lang durch Aachen, Maastricht und Sint Truiden bis ins heute belgische Leuven, das damals einige Tagesreisen von Aachen entfernt lag.

Was hatte es mit diesem seltsamen Landschiff auf sich?

Ein Bauer aus Kornelimünster hatte ein Schiff auf Räder gesetzt. Warum er das tat? Darüber lässt sich trefflich spekulieren. Man weiß es nicht. Jedenfalls schaffte er es, einige Weber zu überreden, das Schiff mit

Segeln auszustatten. Sie zogen es von Kornelimünster weiter bis nach Aachen. Der seltsame Zug bewegte sich nur langsam. Überall, wo es hinkam, zog das Landschiff die Menschenmengen an, die fröhlich lärmend und singend darum herumtanzten.

Das seltsame Treiben erregte den Unmut der Kirche. Schriftlich berichtet Abt Rudolf von Sint Truiden empört von den Vorkommnissen rund um das Schiff:

„Es ertönten von jenem abscheulichen Sitze, ich weiß nicht welches Götzen, ob des Bacchus oder der Venus, Neptuns oder des Mars, wahrscheinlich aber aller bösen Geister, die verschiedenartigste Musik und schändliche, der christlichen Religion unwürdige Lieder, die im Chor gesungen wurden. Es war auch von der Obrigkeit bestimmt, dass jeder, der das Schiff berührte, ein Pfand von seinem Hals den Webern zurücklassen musste, wenn er sich nicht loskaufte. Soll ich weitersprechen oder schweigen? Oh, dass doch der Geist der Lüge von meinen Lippen tröpfelte!

Beim Schwinden des Tages, als schon der Mond am Himmel stand, kamen Scharen verheirateter Frauen, als sie den Lärm des unsinnigen Treibens vernahmen, unter Hintansetzung aller weiblicher Scham mit aufgelösten Haaren aus ihren Gassen hervor, die einen halb nackt, die anderen nur im Unterkleid, und mischten sich schamlos vordringend unter die Leute, die um das Schiff herum Chortänze aufführten. Da konnte man zeitweilig an die tausend Menschen beiderlei Geschlechts sehen, wie sie bis Mitternacht die ungeheuerlichste Abgötterei trieben."

Außerdem erzählt er vom „teuflischen Plan" eines armen Landmanns „ex villa nomine Inda", also Kornelimünster.

Liederliche Schiffstänze und antike Rituale

Aufgrund seiner Beschreibung hat man heute eine recht genaue Vorstellung von den Vorkommnissen rund um das Narrenschiff. Ein Landschiff zu bauen, war in der Vorstellung eines mittelalterlichen Menschen völlig absurd. Ein Schiff war fürs Wasser bestimmt. Möglicherweise hatten die Weber in jener Zeit wenig Arbeit und nutzten ihr kurioses Gefährt, um ein bisschen Geld zu verdienen. Beim Schiffstanz durfte nur mitmachen, wer sein Schärflein in Form von ein paar Münzen dazu beitrug. Jedenfalls können wir der Augenzeugenbeschreibung des Abtes von Sint Truiden entnehmen, dass es rund um das Schiff fröhlich und auch lasterhaft zuging. Es wurde ausgelassen gefeiert und sicher auch zu viel getrunken. Das machte das Schiff natürlich bei den Oberen verdächtig. Besonders bei den Herren der Kirche, denn das Betragen der Schiffstänzer war gegen die landläufig geltende Moral.

Von Sint Truiden aus zog das Schiff schließlich weiter nach Leuven, das nur 20 km von Brüssel entfernt liegt. Dort endet seine Geschichte. Der Graf von Leuven machte mit dem Narrenschiff kurzen Prozess. Er ließ es kurz und klein schlagen und die Stadt Sint Truiden, aus der das Schiff gekommen war, ebenfalls.

Mehr ist leider nicht überliefert, auch nicht, von wem genau das Schiff gebaut wurde oder woher die Menschen seine Bedeutung kannten. Vermutlich standen sehr viel ältere Bräuche Pate.

Schiffswagen wurden schon im antiken Ägypten für Fruchtbarkeitsrituale eingesetzt, waren aber auch im alten Rom bekannt. Gut möglich, dass diese dann ihre Bräuche bis in unsere Breiten bekannt machten. Die Kirche, so sehr sie sich dagegen stemmen mochte, konnte letztendlich diese fröhlichen Narreteien nicht verbieten, also machte sie aus der Not eine Tugend: Aus dem Wort *Carrus Navalis* – Narrenschiff, wurde *Carne Vale – Verzicht auf das Fleisch* und damit der Beginn der Fastenzeit vor Ostern.

16 Ein Begräbnis mit Hindernissen

Im Aachener Dom ruht Kaiser Karl seit 1215 in seinem goldenen Karlsschrein. Ihm zu Füßen, häufig unbemerkt, gibt es ein zweites Grab. Otto III. wurde am Ostersonntag des Jahres 1002 ebenfalls im Aachener Dom beigesetzt. Sein Grab vor dem Karlsschrein ist jedoch leer, denn Ottos sterbliche Reste sind verloren gegangen. Wie und warum? Das soll hier erzählt werden.

Der jüngste König in Aachen

Gehen wir weit in die Geschichte zurück. Es ist im Juni des Jahres 983. Der kleine Otto, Sohn von Kaiser Otto II. und dessen Gattin Theophanu, einer Nichte des Kaisers von Byzanz, wird zunächst in Verona zum König gewählt. Das Kind ist erst drei Jahre alt, soll jedoch die Herrschaft der Dynastie der Ottonen sichern. So wird Otto, der im Jahre 980 in der Nähe von Aachen auf einer Reise seiner Eltern ins niederländische Nimwegen geboren wurde, am 25. Dezember 983 in der Marienkirche Kaiser Karls des Großen zum König gekrönt. Er ist der jüngste Herrscher, der jemals in Aachen den Thron besteigen wird. Was niemand in Aachen weiß, Otto II. ist zum Zeitpunkt der Krönung seines Sohnes bereits tot. Er starb am 7. Dezember desselben Jahres in Rom. Als der kleine König die Kirche verlässt, trifft die traurige Nachricht in Aachen ein. Aus dem geplanten Freudenfest wird eine Trauerfeier. So übernehmen zwei Frauen zunächst die Macht. Ottos Mutter Theophanu und seine Großmutter Adelheid, Gattin von Otto I. dem Großen, regieren an Stelle des unmündigen Königs. Das Krönchen von Otto III. liegt angeblich heute noch im Essener Domschatz.

Die Grabesöffnung durch Otto III.

Für den jungen Otto wird Karl der Große zum Vorbild. Ihm möchte er nacheifern, seinem Beispiel will er folgen. Deshalb lässt er im Mai des Jahres 1000 das Grab Kaiser Karls im Aachener Dom suchen und öffnen. Diese Grabesöffnung wird auf einem Fresko im heutigen Aachener Rathaus so dargestellt, wie sie ein Autor aus dem 12. Jahrhundert, im „Pseudo-Turpin", beschrieben hat: Danach steigt Otto III. zu Kaiser Karl in die Gruft. Er findet ihn dort auf dem Karlsthron sitzend, die Füße stützt er auf den Proserpinasarkophag. Er gehört zu den Glanzstücken der Aachener Domschatzkammer.

Karl, 814 verstorben, ist in den fast 200 Jahren, die er schon tot ist, nicht verwest. Im Gegenteil, die Luft in der Gruft ist von süßem Geruch erfüllt. Karls Fingernägel sind lang geworden, sie haben die Spitzen seiner ledernen Handschuhe durchbrochen. Auch sein Haar ist noch weiter gewachsen. Otto schneidet ihm die Nägel und die Haare und ersetzt die Nasenspitze des großen Kaisers durch einen kleinen Klumpen Gold. Denn bis auf die Nase ist der Leichnam unversehrt. Dann nimmt Otto das Brustkreuz Kaiser Karls an sich. Darin wird eine Kreuzreliquie aufbewahrt. Das Kreuz verwahren die Aachener in ihrem Domschatz. Weitere Gegenstände, die Otto dem Grab entnimmt, sind der Säbel Karls des Großen, ein Evangeliar, das zum Reichsevangeliar werden soll und ein Reliquientäschchen, das Kaiser Karl als seinen Talisman trug. Es enthielt damals ein Haar der Jungfrau Maria. Heute wird das wertvolle Stück in der Kathedrale von Reims aufbewahrt. Auch die Reliquie wurde ausgetauscht. Jetzt befindet sich ein Splitter vom Kreuz darin. Otto verspricht sich von den Gegenständen Kaiser Karls Hilfe bei einem anstehenden Feldzug in Rom. Selbst zu seiner Zeit wurde sein Handeln als Frevel am Grab Karls des Großen angesehen. So interpretierte man die folgenden Ereignisse als Strafe dafür.

Der frühe Tod in Rom

Der Feldzug nach Rom wird nicht besonders erfolgreich. Ottos Heer muss in Rom einen Aufstand gegen den Papst niederschlagen. Ein Einzug in die ewige Stadt ist nicht möglich. Die Stadttore sind verschlossen. Also zieht Otto sich mit Papst Sylvester II. auf die Burg von Paterno zurück. Dort wird er plötzlich von einem heftigen Fieber befallen, an dem er am 23. Januar 1002 stirbt. Strittig ist, ob Otto ein Opfer der Malaria wird oder an einer Vergiftung stirbt.

Da die Unruhen in Rom andauern und sich Ottos Gefolgschaft ständig bedroht sieht, ist nach dem Verlust des Herrschers und Heerführers guter Rat teuer. Also halten Ottos Getreuen seinen Tod zunächst geheim. Das Heer wird in aller Eile gesammelt und ein Rückzug inszeniert: Ottos Getreue setzen den Verstorbenen auf sein Pferd. Jeder in Rom soll den Eindruck haben, dass Otto aufgegeben und den Rückzug befohlen hat. So setzt sich das Heer mit einem Toten an der Spitze in Bewegung. Außerhalb der Sichtweite der Stadt endlich betten sie den Leichnam in einen Bleisarg. Sein letzter Wunsch, in Kaiser Karls Kirche in Aachen bestattet zu werden, soll ihm erfüllt werden.

Heinrich von Bayern will an die Macht

Doch auch das war damals nicht ganz einfach, galt es erst einmal die Alpen zu überqueren. Hinter den Alpen lauerte jedoch das nächste Problem. Diesmal in der Person von Heinrich, Herzog von Bayern. Er war weitläufig mit Otto verwandt. Da dieser so plötzlich und kinderlos verstorben war, hatte er für seine Nachfolge keinerlei Anweisungen hinterlassen. So sah Heinrich sich selbst als legitimen Nachfolger. Er war der Sohn von Heinrich „dem Zänker“ und wie sein Vater nicht sehr beliebt. Auch andere Fürsten machten ihre Herrschaftsansprüche geltend. Also versuchte der Bayer Tatsachen zu schaffen. In der Nähe von Polling bei Augsburg lauerte er dem Trauerzug auf.

Über die folgenden Ereignisse gibt es unterschiedliche Versionen. Tatsache ist, Heinrich zwang den Erzbischof Heribert von Köln, ihm die Reichskleinodien zu überlassen. Ein Trick, denn wenn man schon mal im Besitz der Krönungsinsignien ist, dann hat man die besseren Chancen auf den Thron. Es fehlte jedoch die Heilige Lanze, die damals das wichtigste Stück der Reichsinsignien war. Also griff Heinrich zum letzten Mittel: Er entführte den toten Otto und setzte den Erzbischof und seinen Bruder gefangen. Inzwischen musste der Leichnam neu präpariert werden. Die Eingeweide des Toten ließ Heinrich im Kloster St. Afra in Augsburg beisetzen. Nach langen Verhandlungen und vielen Versprechungen gelang es den Getreuen Ottos schließlich, mit dem Toten den Zug in Richtung Aachen fortzusetzen.

Bevor Ottos Trauerzug schließlich Aachen erreichte, gab es einen letzten Zwischenstopp in Köln. Dort hatten inzwischen die Vorbereitungen für das Osterfest begonnen. Nachdem der verstorbene Herrscher während der Karwoche in drei verschiedenen Kirchen aufgebahrt worden war, brachte man ihn schließlich am Gründonnerstag in den Kölner Dom. Am Ostersonntag des Jahres 1002, es war der 5. April, wurde Otto endlich im Aachener Dom beigesetzt.

Bei dieser Gelegenheit sprachen sich alle seine Getreuen noch einmal gegen Heinrich als Nachfolger aus. Genutzt hat es ihnen wenig, denn Heinrich ließ sich allen Vorbehalten zum Trotz von seinen eigenen Gefolgsleuten in Mainz zum König wählen und dort auch am 7. Juni 1002 salben und krönen. Zähneknirschend stimmten nun auch die übrigen Fürsten einer Thronsetzung im Aachener Dom zu. Sie fand am 8. September 1002 statt. Damit war der Weg für ihn frei, Kaiser in Rom zu werden. Warten musste er jedoch 12 Jahre auf diesen Titel.

Als Sühnegeschenk für den Leichenfrevel an Otto wird der Heinrichsambo im Aachener Dom angesehen. In dieser wunderschönen Stiftung Heinrichs II. sind zahlreiche antike Kunstgegenstände eingearbeitet, die dem Brautschatz der Theophanu entstammen könnten. Dieser Schatz war bei der Entführung Ottos ebenfalls in Heinrichs Hände gefallen. Außerdem ließ er die Kirche St. Adalbert, deren Stiftung auf Otto III.

zurückgeht, als zweite Stiftskirche nach dem Aachener Dom erbauen. Die Skulptur in der Treppenanlage der heutigen Kirche stellt ihn dar. Heinrich wurde ein besserer Herrscher, als alle erwartet hatten und regierte 22 Jahre. Er wurde sogar am 13. Juli 1147 in Bamberg auf Betreiben von Papst Innozenz III. heiliggesprochen.

Die Grabplatte von Otto III.

1513 bekam Otto III. mithilfe des Kurfürsten Friedrich von Sachsen eine neue Grabplatte. Man sieht sie heute vom Münsterplatz aus, wo sie an der Wand des Chores lehnt. Die Platte ist aus Blaustein und 3,10 Meter hoch und 2,50 Meter breit. „Carolo Magno“ steht auf ihr geschrieben. Warum trägt diese Platte einen falschen Namen? Denn der große Karl hat sicher niemals darunter gelegen.

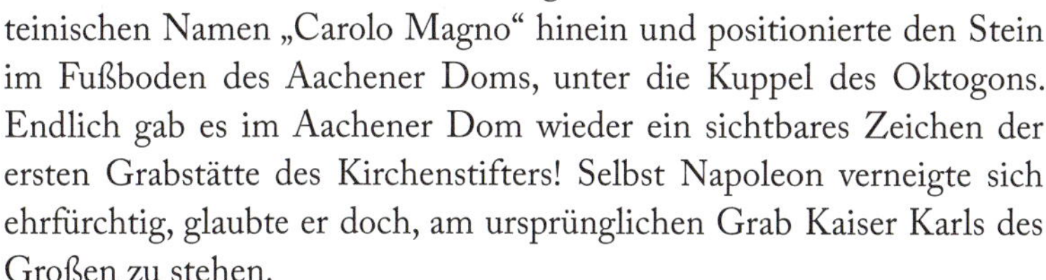

Bischof Berdolet, der erste Aachener Bischof zur Zeit der napoleonischen Besatzung, ließ das Grab Ottos III. 1803 öffnen und aus dem Chor des Doms entfernen. Seitdem sind seine Gebeine verschwunden. Ottos Grabstein von 1513 wurde jedoch für ein imaginäres Grab Kaiser Karls des Großen weiterverwendet. Man schlug seinen lateinischen Namen „Carolo Magno“ hinein und positionierte den Stein im Fußboden des Aachener Doms, unter die Kuppel des Oktogons. Endlich gab es im Aachener Dom wieder ein sichtbares Zeichen der ersten Grabstätte des Kirchenstifters! Selbst Napoleon verneigte sich ehrfürchtig, glaubte er doch, am ursprünglichen Grab Kaiser Karls des Großen zu stehen.

Als am Ende des 19. Jahrhunderts der heutige Boden verlegt wurde, musste auch diese „Grabstätte“ einer Modernisierung weichen. Der Stein verschwand ins Depot, wo ihn Dombaumeister Helmut Maintz nach 100 Jahren wiederfand. Seit dem Abschluss der jüngsten Sanierungsarbeiten am Chor des Doms steht Ottos Grabstein nun an dieser Stelle.

17 Die Krönungsfestmähler – Pomp und Intrigen im Mittelalter

Keine Stadt in Deutschland hat so viele Königskrönungen erlebt wie Aachen. Kaiser Karls Sohn Ludwig war der Erste, der hier gesalbt wurde. Sein Sohn Lothar wenige Jahre später.

Es war Otto der Große, der die Tradition im Jahr 936 fortsetzte. Ihm sollten 29 weitere Könige folgen. So kann man sagen, dass die Aachener in 600 Jahren fast jeden ihrer Herrscher persönlich kennen lernen durften. Das war in der Zeit des Mittelalters schon außergewöhnlich.

Eine Krönung war nun wahrlich ein besonderes Ereignis. Immer dann, wenn ein neuer König kam, wurde die Stadt festlich geschmückt. Er wurde von vielen hohen Gästen begleitet und die Menschen feierten auf den Straßen.

Bevor der König in Aachen gekrönt wurde, war er von den Kurfürsten gewählt worden. Die Kurfürsten waren seit 1356 drei Erzbischöfe und vier weltliche Fürsten.

Der Aachener Dom als Ort der Königskrönung

Die Krönungszeremonie fand im Aachener Dom statt. Dort wurde der neue Herrscher am Eingang von den Erzbischöfen empfangen. Zur Begrüßung berührte er die bronzene Wölfin. Sie sollte ihm helfen, sein Volk so zu beschützen, wie es eine Wölfin mit ihren Jungen tut. Als Nächstes berührte er den Pinienzapfen. In seinem Reich sollten so viele verschiedene Sprachen gesprochen werden, wie dieser Pinienzapfen Enden, also Zungen, hat. Die eigentliche Krönung fand schließlich am Altar des Domes statt. Zunächst wurde der neue König mit heiligen Ölen gesalbt. Diese Zeremonie leiteten die drei Erzbischöfe.

Nachdem der König gesalbt und mit der Krone gekrönt war, wurde er in der Matthiaskapelle mit den Krönungsgewändern bekleidet.

Anschließend stieg er auf die erste Etage des Domes hinauf. Dort setzte er sich auf den berühmten Marmorthron Kaiser Karls des Großen. Auf diese Weise nahm er symbolisch das Reich in Besitz. Auf dem Thron sitzend, empfing er die Huldigungen und Treueschwüre seiner Fürsten.

Nach der Krönung – auf zum Festmahl

Nach der langen Zeremonie im Dom, sie dauerte bis zu vier Stunden, durften der neue Herrscher und alle anderen Teilnehmer dann endlich etwas essen. Das Festmahl war ein wichtiger Bestandteil der Krönungszeremonie.

Zum Krönungsfestmahl begab man sich in den ersten 300 Jahren in die alte Palastaula Kaiser Karls des Großen. Auf dem Weg dorthin jubelten die Aachener dem neuen König zu. Der warf zum Zeichen seiner Großzügigkeit den Menschen einige Münzen zu.

Im Laufe der Jahrhunderte wurde die karolingische Festhalle baufällig. Also beschlossen die Aachener, sie in ein Rathaus umzubauen. In das neue Rathaus wurde selbstverständlich der Festsaal wieder eingebaut. So entstand der Krönungssaal. Er nimmt seitdem die erste Etage des heutigen Rathauses ein. Der Krönungssaal war bei seiner Eröffnung 1349 der größte und schönste Festsaal in Deutschland.

König Rudolfs Festmahl mit Hindernissen

Das letzte Krönungsfestmahl im alten Saal war möglicherweise das von Rudolf von Habsburg im Jahre 1273. Der Dichter Friedrich Schiller hat ihm ein Gedicht gewidmet. Die erste Strophe beschreibt, wer den König zu bedienen hatte. Schiller schreibt:

„Zu Aachen, in seiner Kaiserpracht,
Im altertümlichen Saale,
Saß König Rudolfs heilige Macht
Beim festlichen Krönungsmahle.
Die Speisen trug der Pfalzgraf des Rheins,
Es schenkte der Böhme des perlenden Weins,
Und alle die Wähler die Sieben,
Wie der Sterne Chor um die Sonne sich stellt,
Umstanden geschäftig den Herrscher der Welt,
Die Würde des Amtes zu üben.“

Folgendes soll sich damals abgespielt haben

König Rudolf saß in einem recht baufälligen Gebäude. Kein Wunder, denn Kaiser Karls Festsaal war inzwischen 450 Jahre alt. Auch stand seine Krönung unter keinem sehr guten Stern. Es hatte vorher schon mächtig Ärger gegeben. Zunächst musste Rudolf die Kurfürsten überreden, ihn zu wählen. Von den vier weltlichen Fürsten waren nur zwei verheiratet. Also verlobte Rudolf die übrigen beiden kurzerhand mit zweien seiner sechs Töchter. Dann hatten sich die Erzbischöfe von Mainz und Köln so gestritten, dass Rudolf das Krönungsfestmahl um einen Tag verschieben ließ. Schließlich war ihm der schrecklich baufällige Festsaal auch nicht ganz geheuer. Das Festmahl soll nur eine knappe Stunde gedauert haben, und Rudolf hat ständig ängstlich zur Decke geblickt. Er fürchtete, sie würde ihm auf den Kopf fallen.

Da war es wohl die richtige Entscheidung der Aachener, ein neues Gebäude zu bauen.

Das heutige Rathaus wurde etwa 70 Jahre später fertig. Die Aachener wissen es zwar nicht genau, aber man vermutet, dass es anlässlich der Krönung von Karl IV. 1349 feierlich eröffnet wurde. Ein aufwendiges Krönungsmahl hat auf jeden Fall stattgefunden. Es gibt noch die Belege für die hohen Kosten, die die Stadt Aachen bezahlen musste.

Ein rauschendes Fest für Karl V.

Noch prächtiger und teurer ging es jedoch im Jahre 1520 zu. Damals wurde Karl V. zum deutschen König gekrönt. Diese Krönung gilt bis heute als das prunkvollste Fest, das jemals anlässlich einer Königskrönung gegeben wurde. Karl regierte ein Reich, in dem die Sonne niemals unterging. Es reichte von Südamerika bis nach Norddeutschland.

Die Feierlichkeiten werden so beschrieben

Am späten Nachmittag des 22. Oktober 1520 marschierte ein gigantischer Festzug mit etwa 5.000 Reitern, Fußvolk und Musikkapellen in die festlich geschmückte Stadt Aachen ein. Aufatmen in der Kaiserstadt: Karl V. wurde nun doch am traditionellen Krönungsort zum König gekrönt. Wegen der drohenden Gefahr einer Pestepidemie war ernsthaft diskutiert worden, die Feierlichkeiten nach Köln zu verlegen. Schließlich hatte der designierte König, Karl V., sich durchgesetzt. Er wollte in Aachen gekrönt werden. Am Stadttor hatte ihn Karl der Große persönlich begrüßt. Wirklich! Die Aachener trugen ihm die berühmte Karlsbüste, die heute in der Domschatzkammer steht, entgegen. Im Kopf der Büste befindet sich eine Klappe. Wenn sie geöffnet wird, kann man einen Knochen vom Schädel Kaiser Karls sehen. Karl V. durfte diesen Knochen sogar küssen!

Der Festzug in die Stadt dauerte bis in die späten Abendstunden. Leider war man wegen heftiger Streitereien über die Aufstellung nicht rechtzeitig gestartet. Mit zunehmender Dunkelheit, es war ja Ende Oktober, wurde ein Murren unter den Tausenden von Schaulustigen laut, denn nun konnten die Zuschauer die prächtig geschmückten Reiter nicht mehr richtig sehen. Damals hatte Aachen noch keine Straßenbeleuchtung.

Am nächsten Tag, dem 23. Oktober, ab sieben Uhr morgens, wurde Karl V. schließlich im Aachener Dom gekrönt. Bis 11 Uhr dauerte die Zeremonie, 2.000 Männer soll er zum Ritter geschlagen haben.

Anschließend wurde bis etwa 15 Uhr im Krönungssaal des Aachener Rathauses getafelt. Nach einem erholsamen Mittagsschlaf gingen die Festlichkeiten, diesmal unter Beteiligung der Frauen, weiter. Tanz war nicht vorgesehen.

50 Gänge, ein gefüllter Ochse und Karl der Große

Karls prächtiges Festmahl soll 50 Gänge gehabt haben. Das Essen musste von der Ecke Kockerellstraße/Jakobstraße ins Aachener Rathaus getragen werden, um die illustren Gäste und den König zu verwöhnen. Dabei war noch lange nicht alles essbar: Es gab auch reine Schaugänge. So wird beschrieben, dass einmal sogar ein vergoldeter Baum hereingetragen wurde. Aus seinen Ästen soll Gewürzwein geflossen sein.

Seit dem 15. Jahrhundert gab es eine vorgeschriebene Sitzordnung für die Krönungsfestmähler. Der König saß sechs Stufen höher als alle anderen, die Kurfürsten eine Stufe höher. Die Erzbischöfe hatten die Krönung im Aachener Dom zu organisieren, die vier weltlichen Kurfürsten kümmerten sich um das Festmahl und um die Bedienung und das leibliche Wohl des Königs. Die Tischordnung ist heute noch auf dem Boden des Krönungssaals zu erkennen. Dort sind die Wappen der Fürsten abgebildet.

Während im Krönungssaal die Honoratioren und der Adel fürstlich tafelten, durfte die Aachener Bevölkerung kräftig mitfeiern: Auf dem Marktplatz wurde über einem offenen Feuer ein Ochse an einem Spieß gebraten. Der Ochse war gefüllt mit einem Schwein, einem Kalb, einem Reh, Hasen, Schwänen, Pfauen, Kapaunen, indischen Hühnern (vermutlich Truthahn), Fasanen, Gänsen, Hühnern, Enten, Drosseln und Schnepfen. Dazu flossen aus einem Brunnen kostenlos Rotwein und Weißwein in Hülle und Fülle.

Außerdem waren auf dem Markt Getreidehaufen aufgeschüttet. Dort konnten die Aachener sich kostenlos mit einer kleinen Schippe bedienen. Wer Glück hatte, fand eine Goldmünze in seinem Schärflein.

Aber das Dollste war eine drei Meter hohe mechanische Puppe. Sie war eine Nachbildung von Kaiser Karl dem Großen. Darin steckte ein Akrobat. Die Puppe lief durch die Aachener Altstadt und konnte sogar die Augen rollen lassen. Zur Freude der Kinder verteilte sie Süßigkeiten.

Leider fand 1531 das letzte Krönungsfestmahl in Aachen statt. Damals wurde der Bruder von Karl V., Ferdinand, zum König gekrönt. Sein Nachfolger Maximilian verlegte den Ort der Krönungen nach Frankfurt. Die Frankfurter jedoch haben die folgenden Feste genauso gefeiert, wie es in Aachen schon immer gewesen war. Nur hatten sie mit Sicherheit keinen so schönen Krönungssaal wie wir hier in Aachen.

18 Wilhelm von Holland lässt Aachen baden gehen

„Eine Bodenaushebung von ungewöhnlich großem Umfang und Tiefgang hat während der vergangenen Sommermonate in der mittleren Adalbertstraße die Aufmerksamkeit vieler Vorübergehender erregt." So beginnt ein Autor mit Namen Dr. Sommer zu Anfang der 50er Jahre des vorigen Jahrhunderts einen Artikel in der damaligen Aachener Volkszeitung. Er beschreibt zunächst den Aushub für den Neubau eines Kaufhauses, der ehemaligen Kaufhalle, in der Adalbertstraße, etwa dort, wo heute der Kugelbrunnen steht. Die Bodenbeschaffenheit jedoch erstaunte die Arbeiter. „Es ist nicht unberührter, gewachsener Boden, den man hier bis fünf Meter unter Straßenhöhe ausbaggerte", so der Autor weiter. „Vielmehr konnte zur Überraschung der Fachleute vom Tiefbau festgestellt werden, daß über dem in der Tiefe durchziehenden alten Johannisbachbett zu irgendeiner Zeit des Mittelalters mehrere Meter hoch Erde angeworfen worden ist, in größerer Ausdehnung und, wie sich bald herausstellte, in einem Zuge ohne zeitliche Unterbrechung."

Was dort zum Vorschein gekommen war, das wurde eine Sensation. Nicht irgendwann im Mittelalter war dieser Wall aufgeschüttet worden, sondern 1248.

Die folgende Geschichte, die lange Zeit als Legende abgetan worden war, sollte durch den Neubau eines Kaufhauses nach dem Zweiten Weltkrieg endlich bewiesen werden können. Folgende unglaubliche Geschichte hat sich also wirklich zugetragen.

Unruhige Zeiten und ein Gegenkönig

Wir gehen zurück ins Jahr 1248. Die Zeiten sind unruhig im ganzen Land, Aachen ist als Krönungsort der deutschen Könige war mal wieder im Mittelpunkt des Geschehens.

Kaiser Friedrich II., der Enkel Kaiser Barbarossas, regiert offiziell das Heilige Römische Reich Deutscher Nation. Aber es gibt Ärger und Querelen im Reich:

Durch seine häufige Abwesenheit hatte sich Friedrich viele Fürsten zu Gegnern gemacht. So geschah es, dass die niederrheinischen Fürsten schließlich einen Gegenkönig wählten. Die Wahl fiel auf Wilhelm, den Grafen von Holland. Die Grafschaft Holland war nur eine unbedeutende niederländische Provinz. Die Fürsten haben wohl bewusst keinen starken Mann gewählt, damit sie leichteres Spiel im Durchsetzen der eigenen Interessen haben würden. Wilhelm, 1247 zum König gewählt und ausgerufen, hatte sich jedoch in den Kopf gesetzt, am „rechten Ort", also in Aachen, zum König gekrönt zu werden. Das stellte sich als schwierig heraus, denn die Aachener hielten Kaiser Friedrich II. und seinem Sohn, König Konrad IV., die Treue. Sie dachten erst gar nicht daran, Wilhelm die Stadttore der Barbarossamauer zu öffnen.

Erst eine Belagerung, dann ein Damm

So begann Wilhelm schließlich, die Stadt Aachen ab April 1248 zu belagern. Die Aachener Bürger kämpften verbissen um ihre Stadt und verteidigten sie nach Kräften. Monatelang harrten die tapferen Bürger, zwischen den Stadtmauern eingeschlossen, in ihrem Talkessel aus. Selbst der Herzog von Jülich, der den Aachenern mit einem Heer zu Hilfe eilte, konnte nicht viel ausrichten. Die Gefolgschaft von Wilhelm schickte ein Heer von 100.000 Mann. Dem war selbst der mächtige Jülicher nicht gewachsen.

Mit einem solchen Widerstand hatte Wilhelm von Holland nicht gerechnet. Da den Aachenern offensichtlich nicht mit militärischen Mitteln und auch durch Hunger nicht beizukommen war, beschloss Wilhelm, die Aachener Bäche zu nutzen, um doch noch in die Stadt hineinzukommen. Er konnte auf das Wissen und die Erfahrung der mit ihm verbündeten Friesen rechnen. Diese hatten reichlich Erfahrung mit Wasser und mit dem Bau von Dämmen.

Die Barbarossamauer wird zum Wassertopf

Dort also, wo drei Bäche, der Sandkaulbach, der Johannesbach und der Paubach, an der tiefsten Stelle des Aachener Talkessels zusammenliefen, dort ließen die schlauen Friesen einen Erdwall bauen, der die Bäche staute. Der Erdwall erreichte schließlich die Höhe von 40 Fuß. Das Wasser konnten nicht in Richtung des heutigen Kaiserplatzes abfließen und so bildete sich zwischen Sandkaulstraße und Adalbertstraße in wenigen Wochen eine Seenlandschaft. Zum Verhängnis wurde der Stadt schließlich die Barbarossamauer. Innerhalb ihrer Mauern bildete sich ein Rückstau. Es war, als läge die Stadt Aachen in einem hohen Kessel, mit der Stadtmauer als Rand.

Das Wasser stieg nun innerhalb des Mauerkreises immer höher. Damals gab es keine Steinhäuser, denn die braven Aachener pflegten ihre Häuser aus Fachwerkkonstruktionen zu bauen. Die meisten hatten Fundamente aus Lehm. Diesen Häusern wurde im Wasser buchstäblich der Grund weggespült und langsam begannen sich die ersten Häuser der Aachener Bürger zu senken. Sie brachen schließlich vollends zusammen. Das gab den tapferen Aachenern den Rest. Hunger und Krieg konnten sie aushalten, aber ohne ein Dach über dem Kopf das ganze Hab und Gut im Wasser versinken lassen? Das war ihnen die Sache nun doch nicht wert. Spätestens als das Wasser knietief im Aachener Dom stand, gaben sich die Aachener geschlagen. Durch Vermittlung des Erzbischofs von Köln boten sie Wilhelm schließlich die ehrenvolle Übergabe der Stadt an.

Wilhelm bestätigte ihnen sogar ihre bereits von den Stauferkaisern genehmigten Privilegien. Großzügig bot er schließlich Schadenersatz für den Verlust der Häuser und die Erstattung der Reparaturkosten im Dom an. Danach stand seiner Krönung in Aachen nichts mehr im Wege. Am 1. November 1248 wurde Wilhelm von Holland vom Kölner Erzbischof Konrad von Hochstaden zum rechtmäßigen König gekrönt. Ironie des Schicksals: König Wilhelm verlor sein Leben 1256 im Kampf, ausgerechnet gegen die Friesen, durch deren künstlichen Staudamm er erst zum rechtmäßigen König geworden war.

19 Der „Wehrhafte Schmied" – eine wahre Geschichte

Vor fast 800 Jahren war Aachen längst nicht so groß wie heute. Die Stadt war noch von der Barbarossamauer umgeben, eine zweite Stadtmauer, der heutige Alleenring, war gerade erst begonnen worden. Der Herr über die Stadt war kein Fürst, sondern der König selbst. In dieser Zeit regierte König Rudolf von Habsburg. Er war 1273 in Aachen zum Herrscher gekrönt worden.

Der Graf von Jülich oder lieber der Herzog von Brabant?

Der mächtigste Mann in der Region rund um Aachen war der Graf von Jülich, der damals bedeutendsten Stadt im gesamten Umkreis. Er regierte nicht nur alle heutigen Städte und Dörfer zwischen Jülich und Monschau, er war gleichzeitig auch der Verwalter der königlichen Herrschaft in Aachen. Gerne wäre er hier aber mehr gewesen als Verwalter. Es passte dem Grafen nicht, dass sich in seinem Herrschaftsbereich eine selbstständige und sehr selbstbewusste Stadt wie Aachen befand. Aachen hatte 1166 das Stadtrecht, das Münzrecht und das Marktrecht erhalten und war weitgehend unabhängig von den lokalen Herrschern.

Dennoch hatte der Graf von Jülich eine wichtige Funktion: Er musste im Namen des Königs die Steuern eintreiben. Kein Wunder, dass das den selbstbewussten Aachenern nicht gefiel. Sie hatten bereits mithilfe des Herzogs von Brabant versucht, sich des Herrschaftsanspruchs des Jülichers zu entziehen. Seit 1277 war der Obervogt, also quasi der königliche Oberverwalter, Herzog Johann I. von Brabant. Aachen stand laut Vertrag unter seinem Schutz. Den Grafen Wilhelm IV. von Jülich ärgerte das sehr. Deshalb wollte er die Stadt mit Gewalt nehmen.

Ein nächtlicher Überfall

Dazu hatte er listig einen Torwächter am damaligen Jakobstor bestochen. Der hatte das Stadttor nicht richtig verschlossen, sodass es den Jülichern ein Leichtes war, das Tor zu öffnen. In der Gertrudisnacht, der Nacht vom 16. auf den 17. März 1278, war es so weit. Graf Wilhelm stand vor den Toren der Stadt Aachen. Sein ältester Sohn und zwei weitere Söhne des Grafen begleiteten den Vater. Jeder hatte einige Soldaten unter seinem Befehl.

Das Tor war dank des bestochenen untreuen Wächters kein Problem. Aber man hatte nicht mit dem Widerstand in der Aachener Bevölkerung gerechnet. Obwohl die Aachener durch den nächtlichen Überfall aus ihren Betten gerissen wurden und beileibe nicht für eine Schlacht gerüstet waren, verteidigten sie ihre Freiheit und die ihrer Stadt nach Kräften. Gekleidet mit Nachthemden und Nachtmützen, die Frauen mit ihren Nachthauben auf, nur schnell ein Schultertuch umgeschlagen, wehrten sie sich gegen die Eindringlinge. Als Waffen benutzten die Aachener alles, was ein ordentlicher Haushalt an Waffen hergab. Gegen schwer bewaffnete Soldaten kämpften sie mit Besenstielen, Messern und Mistgabeln.

Je lauter die ungleiche Schlacht tobte, umso mehr Verstärkung rückte aus den umliegenden Straßen herbei. So kämpften sich die Jülicher nur sehr mühsam bis fast zum Marktplatz vor. Kurz vor der Klappergasse stoppte die kämpfende Menge.

Aus seiner Werkstatt, in der er bereits früh das Schmiedefeuer angeheizt hatte, kam ein Schmied hervor. Er war ein kräftiger und großer Mann, gewohnt, die glühenden Eisen zu schlagen. Sein schwerer Schmiedehammer sah in seinen mächtigen Händen wie ein Kinderspielzeug aus.

Der Schmied hatte sich über den frühen Lärm auf der Straße gewundert und war mit dem Hammer in der Hand vor seine Werkstatttüre getreten. Als er den Grafen und seine Söhne schwer bewaffnet gegen seine Nachbarn in Nachtgewändern kämpfen sah, überkam ihn die Wut. Mit einem mächtigen Hieb streckte er den Grafen zu Boden. Der Hammer spaltete dem Jülicher den Kopf. Als dessen Söhne herbeieilten, um ihrem Vater zu helfen, war es auch für sie zu spät. Ehe sie auch nur den Hauch einer Chance hatte, ihre Schwerter zu heben, hatte der Schmied sie schon mit mächtigen Hammerschlägen niedergestreckt. Was für ein grausiger Anblick bot sich auf der sonst so friedlichen Jakobstraße.

Ihres Anführers beraubt, ergriffen die Jülicher Soldaten unter dem lauten Jubel der Aachener Bevölkerung die Flucht.

Vier Tote und die Folgen

Der Graf von Jülich hatte vergebens versucht, die Stadt unter seine Herrschaft zu zwingen. Aber die Aachener hatten den wichtigsten Landesherrn der Aachener Region getötet und seine drei Söhne gleich mit. Das gab Ärger mit König Rudolf. Bei dem war nämlich die Witwe des Grafen und trauernde Mutter der Söhne erschienen. Gräfin Ricarda hatte dem König ihr Leid geklagt. Durch den Tod ihres Mannes und ihrer Söhne war sie mit einem Mal völlig auf sich allein gestellt. Da Frauen – und schon gar keine Gräfinnen – damals kein eigenes Geld verdienten, forderte sie vom König eine Entschädigung. Immerhin, so ihr Argument, wollte der Graf die Steuern des Königs eintreiben. Er war also quasi in dessen Auftrag unterwegs gewesen.

Sie fand ein offenes Ohr bei Rudolf. Die Strafe war für Aachen sehr schwer zu tragen. Sie mussten der Gräfin 15.000 Mark Sühnegeld zahlen. Das wären, in heutiger Währung gezählt, viele Millionen Euro. Es entsprach dem Wert des Geldes, das die Stadt in einem Jahr erwirtschaften konnte.

Außerdem mussten die Aachener für jeden Toten einen Sühnealtar errichten und für seine Seele eine Messe lesen lassen. Ein Altar stand an der Stelle, wo die Vier ihr Leben gelassen hatten. Die Aachener haben diese Altäre über mehr als 600 Jahre in Ehren gehalten und gepflegt. Sie wurden erst zur Zeit der napoleonischen Besatzung aufgegeben.

Ein Denkmal für den Täter

An der Stelle, wo sich das Ereignis zugetragen hatte und einer der vier Altäre gestanden hat, wurde im Juli1909 ein Brunnen errichtet. Er wurde 1962 nur um wenige Meter versetzt und steht bis heute an derselben Stelle. Auf dem Brunnen steht das Denkmal vom „Wehrhaften Schmied“, geschaffen vom Künstler Karl Burger. Erstaunlich, dass nicht den Opfern, sondern dem Schmied ein Andenken errichtet wurde. Der Brunnen würdigt den Mann, der die Stadt gegen die Jülicher verteidigt hat. Für die Aachener steht der „Wehrhafte Schmied“ als Symbol für Mut und Freiheit der Aachener Bürgerschaft.

Der Künstler hatte jedoch vom Schmiedehandwerk nur wenig Ahnung, denn ihm ist ein kleiner Fehler unterlaufen. Die Ärmel des Schmiedehemdes sind nach außen hin aufgerollt. Nie hätte sich ein Schmied mit so aufgerollten Ärmeln ans Schmiedefeuer gewagt. Die Gefahr wäre zu groß gewesen, dass Funken in die Stoffrolle sprühen und Hemd und den Mann in Brand setzen könnten. Ein echter Schmied hätte seine Hemdsärmel nach innen gerollt.

Erstaunlich auch, dass die Figur des Schmiedes beide Weltkriege des vorigen Jahrhunderts unbeschadet überstanden hat. Mit Schlitzohrigkeit und List ist es den Aachenern gelungen, zu verhindern, dass die bronzene Figur als Metallspende für Rüstungsmaterial eingeschmolzen wurde. Im Ersten Weltkrieg gelang es einem Aachener Stadtverordneten, das Einschmelzen der Brunnenfigur zu verhindern. Während des Zweiten Weltkriegs wäre es fast zu spät gewesen. Die Figur stand ab 1941 auf dem Firmengelände von Talbot zum Einschmelzen bereit, blieb aber zufällig bis 1945 verschont. Dort wurde der Aachener Hermann Hüwels auf die Figur aufmerksam. Es gelang ihm, den Besatzungscaptain Wallas Bennet von der besonderen Bedeutung dieser Figur zu überzeugen. Fortan stand der „Wehrhafte Schmied" als bronzener Wächter vor Camp „Ados Dump". Auf dem Kopf trug er einen englischen Stahlhelm und in der linken Hand ein Gewehr. Als eine der ersten Brunnenfiguren wurde er am 7. Mai 1947 wieder auf seinem Stammplatz aufgestellt.

20 Der große Stadtbrand

Feuer – ein Wort, das im Mittelalter die Menschen leicht in Angst und Schrecken versetzen konnte. Immer wieder brachten Stadtbrände Tod und Vernichtung über die Bevölkerung. Offene Feuer waren überall. Zentralheizung gab es nicht, also heizten die Bürger mit Kaminfeuern. Es wurde sogar auf offenen Flammen darin gekocht. Als Beleuchtung dienten den Menschen auch innerhalb der Häuser Laternen, Kerzen oder Pechfackeln. Das erhöhte die Brandgefahr enorm.

In der alten Stadt Aachen waren die meisten Häuser aus Holz gebaut und trugen hölzerne Schindeln auf den Dächern, statt solider Dachziegel. Die billigste Art, Häuser zu bauen, war Fachwerk. Dazu baute man ein Ständerwerk aus Holz. Die Zwischenräume wurden mit einer Mischung aus Lehm und Stroh gefüllt. Das war zwar solide und stabil, aber auch anfällig für Feuer. Selbst die Kamine waren nicht immer solide gemauert. Man baute sie auf der Basis eines Weidengeflechts, das dann dick mit Lehm eingeschmiert wurde. Mit der Zeit wurde der Lehm durch die Hitze festgebacken und verdeckte sein Gerüst. Wehe aber, wenn ein Stück des Lehms, brüchig geworden, herausbrach. Dann reichte oft ein einfacher Funke, um die trockenen Weiden des Grundgerüsts in Flammen aufgehen zu lassen.

Feuer bei Meister Mauw in der Jakobstraße

So passierte es wohl auch dem Bäckermeister Mauw, der in der Jakobstraße, unterhalb der Jakobskirche, wohnte, an jenem 2. Mai des Jahres 1656. Dieser Tag sollte die Stadt Aachen für immer verändern.

Der gute Mann bemerkte den Brand nicht schnell genug, um ihn zu verhindern. Flugs brannte sein ganzes Haus. Weil es seit einigen Wochen schon nicht mehr geregnet hatte, fanden die Flammen schnelle Nahrung, auch in der Nachbarschaft des Bäckers. Außerdem wehte ein ungünstiger Wind, der es immer wieder schaffte, die Glut neu zu entfachen. Die armen Aachener hatten dem Feuer nur ihre Hände und Wassereimer entgegenzusetzen. So sehr sie sich bemühten, sie kamen kaum mit den Löscharbeiten nach.

Fatal war außerdem die Falschmeldung, die Stadt sei von Saboteuren in Brand gesetzt worden und solle angegriffen werden. Eiligst tagten die Bürgermeister und entschieden, die Löscharbeiten ruhen zu lassen. Stattdessen wurden die Bürger auf die Mauern zu den Waffen gerufen. Außerdem breitete sich Panik aus, als es hieß, der Pulverturm, der heute der „Lange Turm" heißt, wäre in Gefahr zu explodieren. Hals über Kopf verließen die Menschen ihre Stadt.

Die Stadt brennt ab

Was für fatale Fehleinschätzungen der Situation! Nun hatte das Feuer freie Bahn und konnte sich ungehemmt weiter durch Aachens Straßen fressen. In 20 Stunden brannten 4.425 Privat- und Geschäftshäuser und 20 Kirchen, Klöster und Hospitäler nieder. Zum Glück waren nur 17 Tote zu beklagen. Aber die Bevölkerung stand vor dem Nichts. Es war alles verloren. Die Häuser, der Hausrat, Vorräte und alle Waren, die zum Verkauf gedacht waren. Nur einige wenige Steinbauten, darunter Dom und Rathaus, waren verschont geblieben. Aber auch sie waren schwer beschädigt, denn die Flammen hatten auf die Dächer übergegriffen.

Elend, Not und Spekulanten

Bereits drei Tage nach dem Brand ergriff der Rat erste Maßnahmen zur Linderung der Not. Damit die Aachener Bürger bei „diesem leider elenden Zustand das Herz und die Courage nicht verlieren", bekamen sie Steuererleichterungen und Wachbefreiung und kostenloses Bauholz zugesprochen. Um den Brotpreis stabil zu halten, wurde sogar die Einfuhr von Broten aus den Nachbargemeinden zugelassen. Doch auch damals wussten sich skrupellose Menschen an der Not anderer zu bereichern. So musste der Rat bereits am 8. Mai verbieten, dass Grundnahrungsmittel, wie Brot, Fleisch oder Bier, teurer als zum gesetzlich erlaubten Preis verkauft würden.

Schwarzhandel gab es auch schon vor 350 Jahren. Im September des Jahres 1656 waren die Baukosten so in die Höhe geschnellt, dass der Ziegelpreis geregelt werden musste. Die Ziegelbäcker mit Speis, Trank oder „Stechpfennigen" zu bestechen, war ausdrücklich untersagt. Diese machten besonders gute Geschäfte, denn Holzhäuser sollten von nun an in Aachen nicht mehr gebaut werden.

Wiederaufbauhilfen bekamen die Aachener aus den umliegenden Städten. Köln, Lüttich, Maastricht und Roermond unterstützten den Wiederaufbau mit Geld und praktischer Hilfe. Für die Baugewerke wurden sogar die Zunftregeln gelockert, damit auch von außerhalb Arbeiter in Aachen helfen konnten.

Das Wasser soll helfen

Aus der alten Tuchmacherstadt jedoch wurde, dank des Badearztes Franziskus Blondel, ein mondänes Kurbad. Blondel wird der legendäre Satz zugeschrieben: „Was das Feuer zerstört hat, soll das Wasser wieder aufbauen." Er hatte maßgeblichen Anteil an der Neuplanung der Kur- und Badestadt Aachen und machte das Aachener Heilwasser in seiner Schrift *Ausführliche Erklärung und augenscheinliche Wunderwirkung deren heilsamen Bad- und Trinkwasser zu Aach* über die Grenzen der Stadt Aachen hinaus bekannt.

Natürlich trugen auch die Bäcker ihren Teil zum Wiederaufbau bei. Sie brachten eine besondere Spezialität so erfolgreich auf den Markt, dass damit viel Geld in die leeren Kassen gespült wurde: Es war die Aachener Printe.

21 Casanova, fünf Frauen und ein Bad im Aachener Wasser

Aachen wurde seit der Römerzeit als Kur- und Badestadt genutzt. Die heißen Quellen zogen mangels anderer therapeutischer Möglichkeiten Patienten an, die in den Heilquellen Linderung von vielen verschiedenen Krankheiten suchten. Der erste dokumentierte Öcher war Lucius Macer. Er hatte in *Burtscheid*, damals *Platea Porceo*, eine Kur gemacht. Offensichtlich mit Erfolg, denn sein Name steht auf einem Weihestein, den er nach erfolgter Heilung gestiftet hat.

Während des Mittelalters kamen die Wasserkuren ein wenig aus der Mode. Man misstraute dem nassen Element aus Angst vor Infektionskrankheiten. Was leider zulasten der allgemeinen Hygiene ging. In dieser Zeit wurden die Aachener Quellen auch in der Tuchmacherei und in den Gerbereien genutzt. Die ersten Heilbäder wurden in Aachen zwischen 1538 und 1545 erbaut, nachdem der Stadtarzt Fabricius Ruremundanus die erste Aachener Thermenschrift verfasst hatte.

Es dauerte jedoch bis nach dem großen Stadtbrand von1656, dass das Aachener Quellwasser auch als Wirtschaftsfaktor für eine Kur- und Badestadt genutzt werden sollte. Franziskus Blondel, dem berühmten Aachener Badearzt dieser Zeit, wird der legendäre Satz zugesprochen: „Was das Feuer zerstört hat, soll das Wasser wieder aufbauen." In der Tat wurden die naturwarmen Aachener Quellen damals zum Rettungsanker der zerstörten Stadt und ihrer Infrastruktur.

Mondäne Hotels und gähnende Langeweile

Aachen bekam nach dem Stadtbrand ein nagelneues Kur- und Badeviertel an der heutigen Komphausbadstraße. Viele mondäne Hotels entstanden. Sie zogen reichlich Kur- und Badegäste nach Aachen. In

Mode kam das Kuren vor allem im 18. Jahrhundert. Zwischen April und Oktober blühte das Badeleben in Aachen. In den Nobelhotels stieg alles ab, was Rang und Namen hatte, denn die Häuser verfügten dank der benachbarten Quellen über einen eigenen Badebereich. Heute würde man wohl „Wellnessbereich" sagen.

Das Leben an einem solchen Kurort war jedoch recht beschaulich. Aachen war sehr provinziell und besaß lediglich ein Komödienhaus am Katschhof, das bereits früh als viel zu klein angesehen wurde. Aber es war im 18. Jahrhundert immerhin vom damaligen Stararchitekten Johann Josef Couven erbaut worden. Dennoch langweilten sich die Kurgäste oft fürchterlich, denn das einzige Amüsement, das ihnen blieb, war das Glücksspiel. Und gerade das war in Aachen bei Höchststrafe verboten. 100 Goldmark hatten Gast und Gastwirt an Strafe zu entrichten, wenn in irgendeinem Öcher Hinterzimmer Gäste beim Zocken erwischt wurden. Eine durchaus empfindliche Strafe. Schließlich bekam die Witwe Reumond unter strengen Auflagen 1764 die erste städtische Lizenz für ein Spielkasino. Es wurde zunächst außerhalb der Stadtmauern, am heutigen Adalbertsteinweg, betrieben.

Gerade mal zwei Jahre zuvor soll sich in Aachen folgende Begebenheit abgespielt haben:

Das Problem mit dem Altern und Okkultismus statt Botox

Hauptakteur einer Gesellschaftsposse war kein Geringerer als ausgerechnet Giacomo Casanova. Die Aachener werden seinen Namen vergeblich auf den damals üblichen Gästelisten suchen. Dort ist ein mysteriöser „Chevalier de Seingalt" verzeichnet. Er kam allerdings nicht allein, sondern stieg in Begleitung der reichen, aber unglücklichen Marquise d'Urfé ab. Casanova, ständig unter Geldnot leidend und permanent auf der Suche nach neuen Einnahmequellen, hatte sich die alternde Marquise als Opfer für ein wirklich amüsantes Possenspiel ausgewählt. Dabei war er gerade gut bei Kasse, als er die Dame kennen lernte.

Das Problem der Unglücklichen war der Verlust ihrer Schönheit. Einst dafür gerühmt, wurde sie mit dem Alter, sie war schließlich schon 54 Jahre alt, einfach nicht fertig. Casanova, bekannt für seine Verführungskünste, machte sich in diesem Falle sein Talent zur Überredung zunutze. Immerhin war er mit 37 Jahren fast 20 Jahre jünger als die Marquise. Er überzeugte sie also, dass sie dem Alter nur durch eine Wiedergeburt in einem männlichen Körper entfliehen könne. Ihre Seele solle in einer okkulten Zeremonie in den Körper eines neugeborenen Knaben übergehen.

Kaum vorstellbar, dass eine intelligente Frau, die die Marquise ohne Zweifel war, auf einen solchen Hokuspokus hereinfallen könnte. Aber die Eitelkeit und Langeweile treiben manches Mal absonderliche Blüten. Außerdem hatte die Dame ein pikantes Hobby. Sie frönte mit großer Leidenschaft dem Okkultismus, besaß eine Bibliothek entsprechender Literatur, sie wohnte schwarzen Messen bei und hatte ein Labor für alchemistische Versuche. Und genau bei dieser Leidenschaft verstand Casanova sie zu packen. Natürlich war sein Engagement nicht ohne Eigennutz, versprach er sich nicht zuletzt einen Anteil an ihrem nicht unbeträchtlichen Vermögen. Kurz, nachdem er sie schon fünf Jahre hingehalten hatte, konnte er ihrem Drängen nicht länger ausweichen. Die Wiedergeburt sollte vollzogen werden und das ausgerechnet im damaligen Modebad Aachen.

Feine Gesellschaft steigt unter falschem Namen in Aachen ab

Der eigentliche Akt sollte wie folgt vollzogen werden: Geplant war, dass Casanova mithilfe eines magischen Pulvers mit einer reinen Jungfrau ein Kind zeugen sollte. Dieses Kind würde nach seiner Geburt der Marquise übergeben, die wiederum sieben Tage später ihr Leben aushauchen und mit dem letzten Atemzug ihre Seele durch einen Kuss dem Kind übertragen sollte. Praktischerweise wäre Casanova nicht nur der Vater des Kindes, nein, es würde auch von ihm erzogen. Die Kosten wären kein Problem, denn bis der Knabe volljährig wäre, würde Casanova über das Vermögen der Marquise verfügen können.

Die als Mutter benötigte Jungfrau fand Casanova in der erst 14-jährigen Tänzerin Marianne Corticelli, die in Begleitung ihrer Mutter ankam. Beide Damen stiegen in Aachen unter dem Namen der Gräfinnen Lascaris ab. Die ganze Gesellschaft logierte teuer im damaligen Nobelhotel *Cornelisbad*, das über das hauseigene Herrenbad verfügte. Die Kosten übernahm natürlich die Marquise.

Die beiden Damen Corticelli bekamen für ihre „Dienste" ein ansehnliches Honorar, das sie zusammen mit ihrem Schmuck Casanova zur Aufbewahrung anvertrauten.

Obwohl ja bekanntlich das Glücksspiel unter Androhung höchster Geldstrafen verboten war, schaffte Casanova es in den folgen beiden Wochen, das Geld und den Schmuck der beiden Damen zu verspielen. Jede drängende Nachfrage der beiden wiegelte er geschickt ab. Außerdem saß ihm die inzwischen ungeduldige Marquise im Nacken.

Die Wiedergeburt mit Hindernissen und ein geheimnisvoller Brief

Schließlich sollte die Wiedergeburt der Marquise in einer Vollmondnacht durch die Zeugung eines Knaben eingeleitet werden. Nur, jetzt spielte das Fräulein Tänzerin nicht mehr mit und täuschte Bauchkrämpfe vor, mit denen sie angeblich zu Bett liegen müsse. Sie gab Casanova unmissverständlich zu verstehen, dass diese Krämpfe anhalten würden, bis ihr Schmuck wieder auftauchen würde.

Also musste sich der alte Schwerenöter etwas einfallen lassen. Er schaffte es, mittels abenteuerlicher Berechnungen, die Marquise zu überzeugen, dass ihr nur noch der Mond helfen könne. Die Aussicht, dass ihr der zur damaligen Zeit noch so geheimnisvolle Himmelskörper behilflich sein könne, machte die Marquise überglücklich. Sie schrieb dem Mond also einen Brief und sandte ihn im Rahmen einer okkulten Zeremonie über einen Mondstrahl gen Himmel. Dazu wurde der Brief in Wacholderwein verbrannt, während Casanova gemeinsam mit der d'Urfé in einer Wanne lauwarmen Aachener Wassers saß. Wie glücklich war die Betrogene, als Casanova nach einer Weile einen Antwortbrief des Mondes aus dem Wasser auftauchen ließ. Er hatte ihn wohl vorbereitet mit silbernem Stift auf ein Stück rundes, grünes Papier geschrieben. Der Mond riet ihr dringend, das Projekt zu verschieben und die Corticelli zum Teufel zu jagen. Was für eine dramatische Nacht sich dieser Antwort anschloss, können wir heute nur ahnen. Casanova verbrachte nach eigener Aussage „den Rest der Nacht gemeinsam im Gespräch über ihre Hirngespinste".

Noch zwei Frauen und ein Duell

Für Casanova wurde der Boden in Aachen ohnehin inzwischen sehr heiß. Abgesehen von den beiden wütenden Corticellis und der frustrierten Marquise, hatte er zwei weitere Damen zu betreuen. Während seiner ausschweifenden Nächte machte er die Bekanntschaft mit einem französischen Offizier namens d'Aché. Der zog die zwielichtige Gesellschaft in den Aachener Gaststätten mit illegalen Spieltischen der seiner Frau und Tochter gerne vor. Unterdessen machte der unverbesserliche Schürzenjäger Casanova den beiden Damen – angeblich erfolglos – den Hof.

Leider war der Herr Offizier nicht nur spielfreudig und trinkfest, sondern auch streitsüchtig. Das brachte ihm einen ordentlichen Disput mit einem Schweizer ein, den er schließlich zum Pistolenduell herausforderte. Casanova diente Herrn d'Aché sogar als Sekundant. Leider überlebte er das Duell nicht und die beiden Damen wandten sich verzweifelt an Casanova. Er sollte sie, auf seine Kosten versteht sich, nach Colmar, wo sie zu Hause waren, begleiten.

Doch diesmal war dem Frauenheld das Glück hold. Er gewann wohl ein erkleckliches Sümmchen im Spiel, denn mit einem Mal hatte er plötzlich wieder Geld im Beutel. Außerdem verschaffte ihm die Reise ins Elsass eine große Distanz zur Marquise d'Urfé und den beiden Corticellis, alias Lascaris. Casanova verschwand also aus Aachen und ließ die drei mit dummen Gesichtern zurück.

Die Marquise blieb zwar weiterhin dem Okkultismus treu, machte aber keine weiteren Versuche, wiedergeboren zu werden. Sie musste sich mit dem Alter abfinden, denn sie wurde schließlich 70 Jahre alt.

Die Tänzerin Corticelli dagegen machte eine kurze Karriere am Theater in Turin, wo sie 17-jährig verstarb. Casanova kam im hohen Alter noch zweimal nach Aachen. Er war auf der Durchreise nach Spa und offenbar so pleite, dass er noch nicht einmal das Geld aufbrachte, sich in die Gästelisten einzutragen.

22 „Vür sönd allemoele Öcher Jonge", die Wißquaaßrevolution

Die heimliche Nationalhymne aller Aachener ist nicht, wie man glauben könnte, das festlich getragene „Urbs Aquensis", das im 12. Jahrhundert entstand und bei allen festlichen Anlässen intoniert wird. Dieses mittelalterliche, in Latein geschriebene, Loblied beschreibt Aachen als Krönungsort der deutschen Könige und Residenz von Kaiser Karl dem Großen. Die stolze Melodie der alten Reichs- und Handelsstadt ertönt täglich vom Glockenspiel des Aachener Rathauses über den Marktplatz, immer respektvoll drei Minuten nach dem Stundenschlag der Aachener Domuhr.

Die Hymne jedoch, die das wahre Herz der Aachener zeigt, ist das leidenschaftlich von vielen Kehlen geschmetterte „Vür sönd allemoele Öcher Jonge". Ein Karnevalslied? Keineswegs!

Aachen in der „guten" alten Zeit

Schon während, aber vor allem nach der napoleonischen Zeit begann die industrielle Revolution auch in Aachen, deutlich ihre Spuren zu hinterlassen. Das Zunftwesen hatte seine Autorität verloren, Fabriken ersetzten die bis dahin üblichen Kleinbetriebe und die Heimarbeit. Das brachte zunächst große Armut in die Stadt. Die neuen Maschinen machten zahllose Aachener Handwerker brotlos. Ein automatischer Webstuhl konnte 60 Fachkräfte ersetzen. Die Arbeiter verloren ihre Existenzgrundlage und ihre Familien mussten hungern. Kein Wunder also, dass die Stadt sich nicht entwickelte. Es gab zwar einige reiche Familien und Investitionen für die Kur- und Badegäste, wie zum Beispiel das Theater und den Elisenbrunnen, ansonsten jedoch blieb Aachen innerhalb seiner mittelalterlichen Stadtstrukturen stecken.

Die meisten Familien waren bettelarm und konnten sich kaum ernähren, geschweige denn neue Häuser bauen. In der Mitte des 19. Jahrhunderts hatte Aachen etwa 45.000 Einwohner. Davon waren 17.000 Fabrikarbeiter. Obwohl jedes dritte Kind in den ersten sechs Lebensjahren an Mangelerscheinungen starb und die Hälfte von ihnen davon gezeichnet war, nahm die Bevölkerung zu. Die Anzahl der Häuser aber blieb konstant. So verteilte sich die Einwohnerschaft auf etwa 2.700 Wohnhäuser in der Innenstadt. Es wurden damals durchschnittlich acht Personen für einen Wohnraum gerechnet, dabei gab es jedoch Häuser, in denen bis zu 200 Menschen hausten. Kein Wunder also, dass mehrmals die gefürchtete Cholera ausbrach.

Die Zeiten waren damals jedoch selbst für die Industrie schlecht. So war zwar jeder dritte Aachener offiziell ein Fabrikarbeiter und es gab 180 Tuch- und Nadelfabriken, aber davon standen die meisten still und waren geschlossen. Die Arbeiter hatten kein Einkommen.

Einquartierungen und ein zurückgetretener Bürgermeister

Die Zeiten wurden allgemein in Deutschland zunehmend unruhiger. Es gab zu viel Dampf auf dem Kessel der sozialen Ungerechtigkeit. Zwar versuchten die Aachener Ratsherren, durch die Verstärkung einer Bürgerwehr und die Abschaffung der Mahl- und Schlachtsteuer, noch im März und April 1848, die Situation in den Griff zu bekommen, aber die Menschen waren angesichts ihrer Lebenssituation nicht länger bereit, Ruhe zu bewahren. Die Zahl der Arbeiteraufstände wurde größer. Schließlich stürmten Aufständische - im Zuge der Märzrevolution in Berlin - am 20. März 1848 das Wohnhaus des amtierenden Aachener Oberbürgermeisters Emundts. Sie plünderten und warfen die Möbel auf die Straße und steckten sie in Brand. Der Oberbürgermeister trat von seinem Amt zurück. Sein Nachfolger wurde Arnold Edmund Pelzer.

Als im April schließlich preußische Soldaten einrückten und zu allem Überfluss in die schon vor Menschen berstenden Häuser einquartiert wurden, da explodierte die Stimmung. Kurz vor Ostern des Jahres 1848 war Aachen in Aufruhr.

Die offizielle Stadtgeschichte spricht davon, dass während einer Demonstration feiernde Arbeiter die städtische Hauptwache am Markt stürmten und die Montierungskammer am Hirschgraben plünderten.

D'r Steck mit d'r Wißquaaß draa

Der Volksmund hingegen spricht von der „Schlacht" am Kölntor, Sankt Peter, Hotmannspief, Sandkaul und Markt. Hans Hahn, bekannter Aachener Chronist und Journalist, hat die Geschichte in seinen *Öcher Verzellcher* so dargestellt:

Severin König war der Anführer einer Horde Aachener. Er trug einen Stock mit einem Stück Sackleinen daran als Fahne vor sich her. Die streitbaren Öcher trafen ausgerechnet auf Teile des 34. Infanterieregiments, das gerade am Tag zuvor verstärkt worden war. Der Tambour Willi Neumann war gerade im Begriff, den Generalmarsch anzuschlagen, als die aufgebrachten Aachener seinem Tambourmajor Ferdi Lange den Tambourstock und den Helm wegrissen. Des Weiteren berichtet der Aachener Mundartchronist, wie gleich 30 Soldaten des 34. Regiments ausrückten, um an Sandkaul und Hotmannspief wieder Ordnung zu schaffen. Stattdessen bekamen sie von den Aachenern mit Schaufeln und Besen die Läuse aus den Kleidern geschlagen, sie wurden „lausjeklöppt". Die Bürgerwehr der Pfarre St. Peter musste ausrücken und den Soldaten zu Hilfe kommen. Auch die Verstärkung half nicht. Sie wurden alle heftig verprügelt.

Nun hatte ein kräftiger Nadelarbeiter mit Namen Klaus Zimmermann immer noch den Tambourstock mit dem weißen Quast, „dr Wißquaaß", in seinem Besitz. Nach der Prügelei machte er sich mit einigen Kumpels auf, seinen Sieg in den Aachener Kneipen kräftig zu begießen. Dabei bot er den Tamboursstock für fünf Mark zum Verkauf an. Dort wurde er schließlich von der Polizei gestellt und Major Lange bekam seinen Stock schließlich zurück.

Jupp Speck hat die Wißquaaß-Revolution schließlich in einem Liedtext festgehalten:

„Vür sönd allemoele Öcher Jonge, wea jet wel, deä ka jo komme. Heiderassassa, valderallalla, Stecke än Jewehre met ene Wißquaaß draa!	*„Wir sind alle Aachener Wer was will, der kann ja kommen, Heiderrassassa, fallerallalla, Stöcke und Gewehre mit einer weißen Quaste dran*
Et koem ne Tambourmajur jejange, Deä hau a der Steck zweij Wißquaaß hange. Se noehme höm, wor dat wahl brav, si Stecksje met der Wißquaaß av.	*Es kam ein Tambourmajor daher Der hatte am Stock einen weißen Quast hängen. Sie nahmen ihm, das war wohl brav, Sein Stöckchen mit der Quaste ab*
Et Wißquaaß-Leddche net verjeäht, Suelang als Kejser Karels Oche steäht!“	*Das Wißquaaß-Lied niemals vergeht, Solange Kaiser Karls Aachen steht.“*

23 Kneipenschlägereien und ihre Nachwirkungen

Kneipen gehörten und gehören wohl zu jeder Zeit zu den beliebtesten Treffpunkten der Menschen. Besonders in einer Zeit, in der andere Zerstreuungen fehlten, war die Kneipe der ideale Freizeittreff auch der Aachener Bürger.

So soll Crysanth Bollenrath, der im 18. Jahrhundert als Maler im Aachener Rathaus mehrere Wandgemälde geschaffen hat, nach Abschluss der Arbeiten frustriert seinen Pinsel hingeschmissen haben. Ihm wird die Aussage zugeschrieben, dass in Aachen mit der hohen Kunst kein Geld zu verdienen sei. Stattdessen eröffnete er einen Weinhandel mit Ausschank.

Schlägerei in der Sandkaulstraße

Am Rosenmontag des Jahres 1760 gab es in der Sandkaulstraße eine heftige Wirtshausschlägerei. Sie wurde vom damaligen Bürgermeisterdiener Johannes Janssen schriftlich überliefert.

Wie Janssen schreibt, kam es an eben diesem Rosenmontag zu einer Auseinandersetzung zwischen Aachener Bürgern und französischen Legionären. Ein Aachener Fassbinder mit Namen Circomfall hat dabei einem der Franzosen sein schweres Werkzeug über den Schädel gezogen. Der Franzose verlor das Bewusstsein und fiel zu Boden, nachdem ihm ein anderer Öcher noch einen Stockhieb verpasst hatte.

Der Fassbinder Circomfall wurde gleich darauf festgenommen und ins Untersuchungsgefängnis am Katschhof gebracht, während seine Kumpane schnell das Weite suchten. Der Franzose jedoch kam zu seinem

Unglück in ein Aachener Hospital. Welches?, das verschweigt uns der Chronist. Dort begannen sogleich verschiedene Barbiere und Ärzte mit ihren Bemühungen um sein Leben. Sie müssen den armen Kerl so traktiert haben, dass er nach drei Wochen ärztlicher Behandlung schließlich starb.

Der französische Kommandant wollte dafür den armen Fassbinder Circomfall hängen sehen. Zuständig für die Gerichtsbarkeit war zu jener Zeit der Aachener Magistrat. Dieser sah die Schuld jedoch nicht allein bei Circomfall. So wurde der arme Verstorbene von zwei weiteren Barbieren und einem hinzugezogenen Arzt in Anwesenheit der bis dahin behandelnden Ärzte und Barbiere obduziert.

Das Obduktionsergebnis war eindeutig. Der Franzose war an seiner inzwischen klaffenden Kopfverletzung gestorben. Es konnte jedoch nicht ausgeschlossen werden, dass sich der Zustand der Verletzung durch die angewandten Bemühungen der Barbiere und Ärzte noch zusätzlich verschlimmert hatte. Kurz und gut, es war nicht mehr festzustellen, ob er nun an dem Schlag oder an den Folgen der ärztlichen Behandlung verstorben war.

So kam der Aachener Bürger Circomfall am 24. März 1760 gegen den Willen der Franzosen wieder frei.

Eine Schlägerei und ein Orden für Humor und Menschlichkeit im Amte

Fast 200 Jahre später, im Advent des Jahres 1949, kam es zu einer anderen folgenschweren Kneipenschlägerei: Ein Stolberger, ehemaliger Soldat und gerade aus der Kriegsgefangenschaft entlassen, bekam Streit mit einem belgischen Sergeanten. Er drohte ihm mit dem legendären Satz: „Isch schlach disch kapott." Dann ließ er der Drohung handfeste Taten folgen. Der belgische Sergeant ging zu Boden und der Stolberger zunächst einmal für zwei Monate ins Gefängnis.

Damals stand Aachen noch unter britischer Besatzung und in gewisser Weise kam dem Stolberger der britische Humor zu Hilfe. Es hätte wohl niemand in Aachen mit so viel Verständnis der Briten für das rheinische Brauchtum gerechnet. Dennoch, am 7. Februar stand in der damaligen *Aachener Volkszeitung* eine kurze Notiz, dass die Entlassung des verurteilten Stolbergers vom 20. Februar auf den 18. Februar vorverlegt worden sei, damit dieser „die höchsten Feiertage im Rheinland" nicht hinter Gittern verbringen müsse. Tatsächlich hatte diese ungewöhnliche Amnestie der damalige britische Militärstaatsanwalt, James Arthur Dugdale, beantragt. Er hatte die Kneipenschlägerei sogar als Schlägerei unter Kameraden neu bewertet, um die frühere Entlassung des Mannes möglich zu machen. Diesem Antrag war das Gericht gefolgt.

Der damalige Elferrat des Aachener Karnevalsvereins verlieh dem Briten Dugdale den Sessionsorden 1950 für diese Geste von Humor und Menschlichkeit im Amte. Die Tatsache, dass er mit dem Stolberger Delinquenten Mitleid gezeigt hatte, beeindruckte die Aachener zutiefst. Aus dieser „Ordensverleihung", die damals noch in Dugdales Aachener Wohnung stattfand, wurde im Laufe der kommenden Jahre die große Fernsehsitzung „Wider den tierischen Ernst".

So wurde James Arthur Dugdale zum ersten Ordensritter. Als solcher hat ihn der AKV natürlich immer zu den Sitzungen eingeladen. Eines Tages jedoch kam auf die Einladungen keine Antwort mehr. Der Ordensritter Dugdale war verschwunden. Über viele Jahre hatten die Aachener keinen Kontakt mehr zu ihrem ersten Ritter. In Aachen nahm man an, der Ritter sei wohl inzwischen verstorben, bis er sich 1998 schließlich ganz modern per E-Mail beim AKV zurückmeldete. Er hat bis zu seinem Tod noch einige Male an den Ordenssitzungen teilgenommen. James Arthur Dugdale starb 2011 mit fast 95 Jahren.

24 Das „Elf-Trappe-Jeseech" und die Rechtsprechung im alten Aachen

In früheren Zeiten, als es weder Radio noch Fernsehen und schon gar kein Internet gab, wurden Nachrichten immer öffentlich verbreitet. Alles, was von allgemeinem Interesse war, wurde laut auf Straßen und Plätzen verkündet. So auch Gerichtsurteile.

Meist fanden sich viele Neugierige auf dem Aachener Marktplatz ein, um zu hören, zu welch harten Strafen Verbrecher verurteilt wurden. Gefängnisse, wie wir sie heute kennen, gab es damals in der Regel noch nicht. Kriminelle wurden nicht zu langjährigen Haftstrafen verurteilt, sondern sie mussten arbeiten. Wer nicht gleich zum Tode verurteilt wurde, musste Zwangsarbeit in Steinbrüchen leisten oder wurde auf die Galeere geschickt. Eine Galeere war ein Schiff, das nicht nur Segel, sondern auch Ruder hatte. Dort saßen die Gefangenen, an einen Leidensgenossen angekettet und mit einer schweren Kugel am Weglaufen gehindert, tief unten im Bauch des Schiffs. Wenn kein Wind blies, dann mussten die Sträflinge rudern, damit das Schiff sein Ziel erreichen konnte. Das Leben auf den Schiffen war hart, und die Menschen mussten meist hungern. Deshalb überlebten viele diese Strafe nicht.

Doch bevor man in die Zwangsarbeit oder auf die Galeere geschickt wurde, wurde jeder Verbrecher am Pranger ausgestellt. Der Pranger war in Aachen ein einfacher Pfahl mit einer Kette und einem Halseisen daran. Er stand bis vor 200 Jahren auf dem Katschhof. Der Name *Katschhof* kommt von *Kax*, wie man den Pranger damals in Aachen nannte. Wer am Pranger ausgestellt wurde, der war dem Gespött der Aachener Bevölkerung ausgeliefert. Er durfte ausgelacht, beschimpft und bespuckt werden. Meist wurde die Prangerstrafe für eine Zeit von vier bis zwölf Stunden ausgesprochen. Also eine ganz schön lange Zeit.

Doch auch das war noch nicht alles. Verbrecher wurden gebrandmarkt, sodass man sie ihr Leben lang als Kriminelle erkennen konnte. Dazu wurden sie – je nach Straftat – mit Buchstaben gekennzeichnet. Diese Buchstaben wurden ihnen mit glühenden Eisen auf die Schulter gebrannt.

Das war jedoch alles noch relativ harmlos, denn der Delinquent blieb immerhin am Leben. Häufig jedoch wurden auch Todesstrafen verhängt. Die Hinrichtungen fanden meist öffentlich statt. Manch einer verlor hinter dem Grashaus am Fischmarkt seinen Kopf, andere wie-

derum wurden auf dem Königshügel an den Galgen gehängt. Erst zur napoleonischen Zeit schließlich benutzte man auch in Aachen die Guillotine. Sie war aus Köln nach Aachen gekommen. Insgesamt 65 Menschen wurden zwischen 1803 und 1812 mit dieser präzisen Maschine an verschiedenen Orten in der Stadt hingerichtet. Anschließend wurde das grausige Tötungswerkzeug wieder abgebaut und verpackt eingelagert. Da die preußischen Könige und Kaiser in den folgenden Jahrzehnten häufig von ihrem Begnadigungsrecht Gebrauch machten, ist die Guillotine schließlich so selten benutzt worden, dass man sie von Köln aus über den Rhein bis hin nach Mainz auf „Reisen" schicken konnte. Wenn also jemand verurteilt wurde, dann war das für die Aachener Bevölkerung ein ganz schönes Spektakel. Alle liefen auf dem Markt zusammen, um mit Freude zu hören, wie hart die Strafe ausfallen würde. Der Richter stand dann in der Türe vom Rathaus und gab das Urteil bekannt. Damals hatte das Aachener Rathaus noch einen etwas anderen Eingang als heute.

Zur Rathaustür führte seit 1349 nur eine Treppe. Sie hatte genau elf Stufen. Auf der elften Stufe stand dann der Richter mit dem Urteil, das er laut vorlas. Vor der Rathaustreppe ist im Boden des Marktplatzes ein quadratischer schwarzer Stein eingelassen. Er hatte in der Mitte zwei Schlaufen aus Bronze, in die man die Ketten der Gefangenen einhaken konnte. Er heißt der *Arme-Sünder-Stein* oder das *Schildchen.*

Die armen Sünder standen, an den Schlaufen angekettet, vor ihrem Richter und machten angesichts seines Urteils ein ziemlich langes und trauriges Gesicht.

Deshalb sagen die Aachener in Öcher Platt zu jemandem, der ganz traurig guckt, er macht ein *Elf-Trappe-Jeseech* – also eigentlich ein *Elf-Stufen-Gesicht.*

25 Die letzte „Hexe“ von Aachen

Eine Erinnerung an das Aachener Sendgericht finden wir heute noch am Münsterplatz. Neben der Kirche St. Foillan, über einem Fenster der Bäckerei „Nobis“, hängt das Relief einer Justitia. Ein Sendgericht wurde an einem Ort abgehalten, an dem auch Kirchensynoden stattfanden. So auch in Aachen. Der Einzugsbereich umfasste neben der Stadt Aachen auch das Herzogtum Jülich. Dieses Kirchengericht hatte über Laienvergehen gegen Kirchenrecht zu urteilen, wurde jedoch auch hinzugezogen, wenn sich ein Verbrechen auf kirchlichem Grund ereignet hatte.

So mancher bezeichnete es als „Schnüffelgericht“, da es sich auch mit unregelmäßigem Kirchenbesuch, Ehebruch und Schlägereien unter Frauen zu befassen hatte. Wenn während der Aachener Heiligtumsfahrten ein Pilger straffällig wurde, dann landete er ebenfalls vor der Kirchenjustiz, allerdings erst, wenn die Wallfahrt zu Ende war. Sogar ein Pranger stand dem Gericht zur Verfügung. Es war zeitweise ein Schandgerüst am Chor des Aachener Doms angebracht. Das Sendgericht wurde in der napoleonischen Zeit durch die Säklularisation 1802 aufgelöst. Von da an gab es nur noch weltliche Gerichte.

Am 3. August 1690 hatte das Aachener Sendgericht über einen äußerst seltsamen Fall zu befinden. Vorgetragen wurde eine Zaubereianklage gegen eine Frau, die ihren Ehemann hatte tot beten wollen. Sie war angeklagt, ein Jahr lang jeden Tag den Psalm 108 (der „Fluchpsalm“ trägt heute Nr. 109) aus der heiligen Schrift gebetet zu haben. Darin heißt es unter anderem: „… bestelle wider ihn einen Frevler, einen Kläger zu seiner Rechten, als ein Schuldiger gehe er aus dem Gericht, seine Bitten seien umsonst. Ihm seien beschieden nur wenige Tage, sein Amt erhalte ein anderer. Seine Söhne sollen werden zu Waisen, zur Witwe werde sein Weib.“

Unbekannt sind die Lebensumstände, die die Frau zu diesem Verzweiflungsgebet trieben. Aus der heutigen Sicht wäre das wohl ein Fall für den Scheidungsrichter gewesen, den es damals für normale Sterbliche jedoch nicht gab. Die arme Frau, die offensichtlich schwer unter ihrem Gatten litt, wurde vom Vorwurf der Hexerei und Zauberei zwar freigesprochen, wegen des Frevels gegen ihren Gatten jedoch zu 20 Rutenstreichen verurteilt.

26 Otto von Bismarck und Aachen als seine „Stätte früherer Torheit"

Otto von Bismarck, eine Legende in der deutschen Geschichtsschreibung, der „Eiserne Kanzler", der Schmied eines einheitlichen Nationalstaates und Gründer einer ersten Sozialversicherung. Sein Gesicht bleibt in Aachen unvergessen, wurde er doch als Kaiser Karl der Große im Deckenmosaik des Aachener Domes verewigt.

Bismarck stand 1836 als 20-Jähriger am Beginn seiner juristischen Laufbahn und war in Berlin beim dortigen Stadtgericht beschäftigt. Wie er selbst in seinen Memoiren schreibt, fühlte er sich dort nicht sonderlich wohl, da er hauptsächlich mit Scheidungsangelegenheiten und, demzufolge, meist mit ehelichen Auseinandersetzungen zu tun hatte. Für einen so jungen Mann und Junggesellen war da so manches befremdlich und in der Tat schwer nachvollziehbar.

Er bewarb sich also bei der preußischen Regierung in Aachen, wo er nach einer entsprechenden Verwaltungsprüfung, die er mit einem sehr guten Ergebnis abschloss, am 30. Juni 1836 als Referendar eingestellt wurde. Sein Hauptprüfungsthema war eine Arbeit „Über die Sparsamkeit im Staats-Haushalte".

Sein nächstes Ziel war die Regierungsassessorenprüfung, die er im Dezember desselben Jahres beantragte. Entsprechend musste er nun verschiedene Dezernate bei der Regierung durchlaufen und die dortigen Tätigkeiten kennen lernen. Er war zwar der Jüngste von sieben weiteren Referendaren, aber seine Beurteilungen blieben zunächst ohne Fehl und Tadel. Nur Oberregierungsrat Bartels bemängelt, „... daß es dem p. v. Bismarck zwar nicht an Fähigkeit und richtigem Urteil fehlt, jedoch wird er sich noch mehr an gewissenhafte Pünktlichkeit und die strenge Ordnung des Dienstes gewöhnen müssen". Während Regierungsrat Reincke mäkelte, dass es ihm „lange Zeit an dem nöthigen Fleiße und Eifer" gemangelt habe.

Andererseits erntete er durchaus Lob für seinen scharfen Verstand und seine schnelle Arbeitsweise. Bismarck selbst schrieb in seinen Memoiren über die bürokratische Schwerfälligkeit der Aachener Regierungsbeamten. Nun denn, er sollte sich nicht lange damit herumschlagen müssen, denn schon am 1. Juni 1837, also gerade mal 12 Monate nach Arbeitsantritt, beantragte er einen achttägigen Urlaub. Er gab darin vor, dass er sich schon mehrere Tage unwohl fühle und sich gerne auskurieren wolle. Der Urlaub wurde ihm am 2. Juni genehmigt.

Der Referendar auf gesellschaftlichem Parkett

Danach begann der Aufenthalt Bismarcks in Aachen sehr diffus zu werden. So wurden im Juli 1837 Akten vermisst, die er offensichtlich zu bearbeiten hatte, die aber erst Wochen später in seiner Wohnung wieder auftauchten. Auch war nicht ganz klar, ob er noch an alter Adresse in der Wirichsbongardstraße oder mittlerweile bei Familie Münch in der Theaterstraße wohnte.

Aachen war zur damaligen Zeit ein recht überschaubarer Ort und die Beschäftigten bei der Regierung, sie befand sich damals schon am Theaterplatz, wurden sehr genau beobachtet. Bismarck mokierte sich in einem Brief an seinen Bruder: „Wenn ich heute Schokolade frühstücke, so weiß es morgen die ganze Stadt, dass ich den Tee nicht mehr vertragen kann und jeder erkundigt sich teilnehmend nach meinem Befinden. Arnim (*gemeint ist Regierungspräsident von Arnim Anm. d. Autorin*) schickte neulich dem Schneider ein Paar Hosen zurück; zwei Tage nachher fragte man mich, wie sich der Schneider befände, den Arnim die Treppe hinuntergeworfen hätte."

Auch das gesellschaftliche Leben in Aachen war recht eintönig und spielte sich in immer denselben Kreisen ab. Den Winter 1836/37 hatte er montags meist im Hause des Regierungspräsidenten beim Tanze verbracht. Mit Beginn der Badesaison trank er häufig Tee im Hause der Gräfin Hompesch aus Erkelenz.

Nur einmal fiel er aus der Rolle. Die Karnevalsgesellschaft „Florressei" sah sich genötigt, ihn aus ihren Kreisen auszuschließen, weil er sich geweigert hatte, bei einem der großen Maskenbälle seinen Zylinder gegen eine Karnevalsmaske einzutauschen.

Neben dem Regierungspräsidenten und der Gräfin Hompesch pflegte Bismarck meist Umgang mit dem internationalen Publikum, das sich in Aachen ab April zur Badesaison traf.

Amors Pfeile – Bismarck entdeckt die Liebe

So lernte er bereits im August 1836 den Herzog und die Herzogin von Cleveland kennen, deren Nichte Laura Russel er als „hinreißend liebenswürdig" beschrieb. Otto von Bismarck hatte sich damals wohl bis über beide Ohren verliebt, denn er trug sich ernsthaft mir Heiratsgedanken.

Er verwarf die Idee jedoch wieder wegen der Freundschaft zu Lätitia Wyse-Bonaparte, einer 15 Jahre älteren Nichte von Napoleon I., bevor er sein Herz an Isabella Loraine-Smith, die schöne Tochter eines englischen Geistlichen, verlor. Sie war wohl auch der Grund für sein plötzliches „Unwohlsein", denn er reiste ihr nach Wiesbaden nach, wo ihm zufällig auch Miss Russel wieder begegnete.

Sein Urlaub bei der Regierung war inzwischen für 14 Tage genehmigt worden. Die sollten aber bei Weitem nicht reichen, denn er schrieb einem Freund voller Überschwang, dass er seiner Angebeteten und ihrer Familie, die er bereits als seine Familie bezeichnet, nach Italien folgen wolle. Zu diesem Zweck ließ er sich seine Uniform nachsenden. Er trug sich mit festen Heiratsabsichten, denn, wie er einem Mitreferendar und Freund in Aachen schrieb, wollte er „im März zu Scarsdale in Leicestershire" heiraten. Der Freund sollte sich eingeladen fühlen. Die Probleme mit seinem Arbeitgeber sah Bismarck wohl recht locker, denn er war überzeugt, seinen Urlaub problemlos auf ein Jahr verlängert zu bekommen. Mit seiner „jungen Britin von blondem Haar und seltener Schönheit, die bis dato kein Wort Deutsch versteht" ging die Reise weiter über Straßburg in die Schweiz und zurück nach Deutschland.

Sein Optimismus wurde allerdings jäh durch das Einschreiten seines Vaters gedämpft, der ihm „die Torheit zu Gemüte führt". Bis dahin hatte Otto gehofft, dass dieser seine Schulden und auch die Reisekosten übernehmen würde. Seine finanzielle Situation war wohl durch 1.700 verspielte Taler in Wiesbaden nahezu prekär. Zumindest bewirkte die väterliche Standpauke, dass er sich wieder in Aachen bei der Regierung meldete und dorthin einige reuige und kleinlaute Briefe sandte. Der stellvertretende Regierungspräsident Mellinckrodt schien dem jungen Mann auch durchaus gewogen gewesen zu sein, denn er empfahl ihn mit einem recht guten Zeugnis weiter nach Potsdam.

Liebe weg, Stelle weg, Geld weg

In Aachen konnte sich Otto von Bismarck jedenfalls kaum noch blicken lassen, zumal seine dortigen Schulden den damals ansehnlichen Betrag von über 400 Talern ausmachten. Davon betrug allein die Verzehrrechnung im „Großen Monarchen" 225 Taler und 23 Silbergroschen. Dort hatte er stets teuer und auf Pump zu Mittag gegessen. Mithilfe seines Vaters und durch den Verkauf der in Aachen noch vorhandenen Habe wurden seine Schulden schließlich fast ganz getilgt.

Die schöne junge Engländerin jedoch verschwand aus dem Leben des hoffnungsvollen Referendars. „Mir ist nichts als die Erinnerung an vier sehr glückliche Honig-Monate geblieben", schrieb er einem Freund. Etwa sieben Jahre später steht in einem weiteren Brief an einen Studienfreund über die Beendigung der Affäre: „…nach zweimonatlichem Besitz ward mir die Prise von einem einarmigen Obristen mit 50 Jahren, vier Pferden und 15.000 rl. Revenüen (*regelmäßige Einkünfte, Anm. d. Autorin*) wieder abgejagt. Arm im Beutel, krank am Herzen, kehrte ich nach Pommern heim."

Danach begann seine außerordentliche Karriere. Die Aachener hatten ihm längst seine jugendliche Torheit verziehen, als sie 1907 neben dem Waldfriedhof einen Bismarckturm in Form eines großen „Bs" errichteten.

27 Das Haus Eulenspiegel, die Geschichte des heutigen „Postwagens"

Seit der große Stadtbrand im Jahre 1656 die alte Stadt Aachen völlig vernichtet hatte, waren Holzhäuser aus Brandschutzgründen verboten. Doch wo ist eine Regel, die keine Ausnahme hat? So gibt es auch in der alten Kaiserstadt ein Haus, das über jedes Verbot hinweg aus Holz erbaut wurde. Es steht an exponierter Stelle gleich neben dem Rathaus an der Ecke zur Krämerstraße. „Der Postwagen" schmiegt sich neben dem Granusturm an die linke Seite des Rathauses an. Sein rotes Nachbarhaus ist aus Stein.

Bereits im 14. Jahrhundert werden diese beiden Häuser erwähnt. Sie bildeten während des Mittelalters sogar eine stadtinterne Grenze zwischen der Pontgrafschaft und der Albrechtsgrafschaft.

In dieser Zeit gehörte der obere Teil der heutigen Krämerstraße noch zum Hühnermarkt und die beiden Häuser waren die ersten in der Pontgrafschaft. Über ihre frühen Eigentümer ist nur sehr wenig bekannt. Erst aus der Zeit nach dem Stadtbrand werden die Informationen genauer.

Zwei alteingesessene Geschäftshäuser

Das steinerne Haus neben dem Granusturm wird auf 1657 datiert, wurde also bereits ein Jahr nach der Katastrophe neu errichtet. Es hatte im Volksmund den Spitznamen zum „Eysseren Cram", während sein hölzernes Nachbarhaus „Zum guldenen Hunt" genannt wurde. Die erste bekannte Besitzerin der beiden Häuser ist 1671 Elisabeth Wynandts. Sie hatte die Häuser für 40 Taler Jahresmiete an Herrn Paulussen von Thenen vermietet.

Während der 20-jährigen Franzosenzeit zwischen 1794 und 1814 wurden alle Häuser in einer Häuserrolle erfasst. Damals taucht als Besitzer erstmals der Name Bermerkamp auf.

Seit 1886 befinden sich beide Gebäude in städtischem Besitz, denn sie sollten im Zuge der Regotisierung des Rathauses abgerissen werden. Diese Idee kam bei den Aachenern nicht gut an. In der Expertise eines Bauhistorikers war sogar die Rede davon, die Erhaltung eines „so kleinen, aber kultur-historischen, charakteristischen Denkmals …“ zu befürworten. Und so wurden beide Häuser zunächst weiterhin als Geschäftshäuser genutzt. Im Holzhaus war bis 1901 ein Kappengeschäft und später eine Bettflockenhandlung. Im Steinhaus verkaufte man Schuhe.

Am 1. August 1902 eröffnete dann die heutige Gaststätte „Zum Postwagen“. Sie hatte ihren Namen der Form des Holzhäuschens zu verdanken, das einer alten Postkutsche ähnelt. Jetzt waren beide Häuser zum ersten Mal auch innen miteinander verbunden. Bis dahin sind sie immer getrennt gewesen.

Der Eulenspiegel von Aachen

Zu seinem Spitznamen „Haus Eulenspiegel“ kam das Holzhäuschen auf folgende Weise:

In der Zeit nach der französischen Besatzung, also nach 1814, führte der Hausbesitzer Bermerkamp im größeren Steinhaus eine Spezerei und einen Viktualienhandel, heute würde man sagen ein Lebensmittelgeschäft mit Gewürzhandel. Die Mieter im hölzernen Nachbarhaus wechselten häufig. Einer von ihnen wurde jedoch legendär.

Es war der Händler Freialdenhoven, der für den späteren Namen „Eulenspiegelhaus“ verantwortlich war. Familie Freialdenhoven, Vater, Mutter und drei Kinder, wohnte und schlief auf der oberen Etage des Hauses. Wer es betrachtet, kann sich die Enge gut vorstellen. Die Räume in Parterre, an der heutigen Krämerstraße, nutzte die Familie als

Geschäftsräume. Die Mutter verkaufte Knöpfe und Schnallen, während Vater Freialdenhoven mit Büchern Handel trieb.

Dabei störte es ihn keineswegs, dass er weder Lesen noch Schreiben konnte. Den Preis der Bücher bestimmte er nach Gewicht. Kamen nun Kunden ins Geschäft, die ebenfalls nicht lesen konnten, war er als cleverer Geschäftsmann gerne zu Diensten. Er schlug ein beliebiges Buch auf und „las“ den Kunden die Geschichte vor. Meist soll es die des Till Eulenspiegel gewesen sein.

Kein Wunder, dass dieser Name schnell mit dem Haus und seinem schlauen Buchhändler in Verbindung gebracht wurde. Es wird sich bald rumgesprochen haben, dass man die Geschichte, die der Händler so vorzüglich vorzutragen wusste, im erworbenen Buch nicht wiederfand. Er soll sogar so weit gegangen sein, sich bei schlechten Umsätzen mit einem Buch auf die Straße zu stellen und daraus zu rezitieren. Kein Wunder, dass Herr Freialdenhoven den Aachener Mundartdichter Jupp Schollen animierte, ihn in seinen Versen zu erwähnen:

„Der Uellespejjel ajene Maat, verköift de Böcher met et Ponk,
„Der Eulenspiegel am Markt, er verkauft die Bücher im Pfund,

dat es ene luese Mann; weil heä net leäse kann.“
das ist ein schlauer Mann; weil er nicht lesen kann.“

Einen würdigen Nachfahren fand dieser „Eulenspiegel" offensichtlich in einem späteren Mieter namens Milan. Der betrieb eine Zinngießerei und wurde allgemein nur der „Melhans" genannt. Auch er muss seine Geschäfte mit einer gewissen Schlitzohrigkeit betrieben haben, denn der Heimatdichter schreibt weiter:

„Der Melans es ene Könsteler,
„Der Melhans ist ein Künstler,
kann övverall bestoen;
steht überall seinen Mann;
hä maat us Zenn et Selverwerk,
er macht aus Zinn das Silberzeug,
verjöld et met Saffroen."
vergoldet es mit Saffran."

Die Lausbuben des Kaiser-Karls-Gymnasiums

Mitte der 1850er Jahre hatte im „Haus Eulenspiegel" mal wieder der Mieter gewechselt. Nun betrieb eine Frau Heller in der ehemaligen Zinngießerei einen Spielwarenladen, in dem auch Mützen und Spazierstöcke zu kaufen waren. Frau Heller hatte den Spitznamen „Frau Eulenspiegel" weg und ihre liebe Not mit den Lausebengeln, die vom Kaiser-Karls-Gymnasium auf dem Heimweg waren. Diese „Öcher Duemjroefe" machten sich ein diebisches Vergnügen daraus, gegen die Fenster des schon ein wenig wackeligen Holzhauses zu klopfen und zwar so fest, dass im Inneren die Spielsachen umfielen. Das brachte Frau Heller mächtig in Rage und sie lief zum großen Vergnügen der Kinder schimpfend hinter ihnen her.

Schließlich zog sie ins gegenüberliegende Haus zum „Weinfass", das seitdem das „Haus Eulenspiegel" genannt wird.

Ein Bürgermeister, ein Architekt und eine Bratwurstbräterei

Die Idee, in den beiden alten Nachbarhäusern eine Gaststätte zu eröffnen, kam dem damaligen Oberbürgermeister Veltmann und dem Architekten Professor Frenzen, als sie während eines Wohltätigkeitsfestes in

Burtscheid zum ersten Mal die neue Nürnberger Bratwurstbräterei von Georg Buchmeier kennen lernten. Die beiden Herren waren so angetan von den kleinen Würsten, dass sie auch in der Stadtmitte so ein Geschäft befürworten wollten.

So bekam Georg Buchmeier einen Mietvertrag für die inzwischen wieder frei gewordenen beiden Häuser. Nach aufwendigen Umbaumaßnahmen fand schließlich am 1. August 1902 „unter reger Teilnahme der Behörden, der Bürgerschaft und der Studenten der Technischen Hochschule die Einweihung der Restauration „Zum Postwagen", so genannt nach dem kleineren, in Holz gebauten Häuschen, statt." So steht es in einer alten Chronik.

Ein Professor mit Herz für seine Studenten

Fortan erfreute sich die gemütlich eingerichtete Gaststätte einer ganz besonderen Beliebtheit bei den Studenten. Sie wussten die Gastlichkeit des Hauses sehr zu schätzen, aber leider war ab zwei Uhr morgens Schluss. Die Konzession wurde dem Wirt nicht verlängert, bis sich schließlich sogar ein waschechter Professor darum kümmerte. So findet sich in den polizeilichen Akten des Jahres 1912 ein Brief von Prof. Dr. Max Eckert an „Seinen hochwohlgeborenen Herrn Polizeipräsidenten von Hammacher in Aachen". Darin betont der Professor, dass es „im Interesse der akademischen Bürgerschaft Aachens, der Studenten sowohl der Hochschullehrer zu wünschen wäre", wenn die Konzession des „Postwagens" auf vier Uhr morgens verlängert würde. Die Begründung ist nahezu köstlich: „Da der Unterzeichnete genügend Einblick in das studentische Leben unserer Stadt hat und weiß, wie oft samstags nach zwei Uhr noch Cafés besucht werden, deren Besuch um diese Zeit nicht zu empfehlen wäre, so würde es von verschiedenen Seiten aus begrüßt werden, wenn ein solches gemütliches, intimes und typisches, von den besten Kreisen Aachens besuchtes Restaurant, wie der ‚Postwagen', längere Zeit des Nachts offengehalten werden könnte."

Die Antwort des Polizeipräsidenten ist leider nicht bekannt, aber die Beliebtheit der Gaststätte bis heute ungebrochen.

28 Der Klenkes, das Erkennungszeichen für die Aachener

In Aachen, der traditionellen Tuchmacherstadt, begannen Metallfacharbeiter schon vor einigen hundert Jahren damit, Nadeln herzustellen. Wann das war, ist leider nicht genau bekannt. In der Aachener Stadtgeschichte findet sich der Hinweis, dass es am 4. Oktober 1450 zur Gründung einer neuen Zunft kam. Daniel von der Kammen aus dem südbelgischen Ort Dinant und Konrad Düppengießer aus Aachen erhielten von der Stadt das Recht zur Ausübung der Messingindustrie. Dazu gründeten sie die Zunft der Kupferschläger.

Möglicherweise ist dieser erste offizielle Beginn der Metallverarbeitung in Aachen ausschlaggebend für den Aufbau eines neuen Industriezweigs: der Nadelfabrikation. Während der Zeit des Mittelalters wurden Nadeln in Werkstätten von Hand produziert. Es waren sogenannte *Öhrnadeln*. Ein guter Nadelhandwerker schaffte es in einer Schicht, bis zu 3.000 Nadeln von Hand mit *Öhren*, also den Löchern zum Einfädeln, zu versehen.

Das war natürlich mühsam und die Produktionsmengen blieben überschaubar.

Zu Beginn des 19. Jahrhunderts, etwa vor 220 Jahren, sollte sich das entscheidend ändern.

Das Zeitalter der Industrialisierung beginnt

Die Menschen hatten inzwischen die Dampfkraft entdeckt und es wurden immer häufiger Maschinen konstruiert. In Aachen nutzte ein Fabrikant namens Jäcker eine besonders leicht zu bedienende Maschine. Sie konnte Stecknadeln herstellen. Diese Maschine war so einfach zu bedienen, dass Kinder im Alter zwischen vier und zehn Jahren damit Nadeln herstellen konnten. Täglich waren in der Nadelfabrik bis zu 250 Arbeiter beschäftigt, davon wenigstens 225 Kinder.

Stolz führte Herr Jäcker Kaiser Napoleon I. persönlich durch seine Fabrik, als dieser 1804 in Aachen zu Besuch weilte.

Die Kinder mussten den ganzen Tag in ungesunden Fabrikräumen schuften. Nebenbei jedoch durften sie eine Elementarschule besuchen, die der Fabrik angeschlossen war. Der Unterricht dauerte vier Stunden. Unterrichtet wurden die notwendigsten Fächer. Natürlich fand der Unterricht erst statt, wenn die Kinder vorher schon etwa 10-12 Stunden Arbeit hinter sich hatten. Die normale Arbeitswoche hatte damals noch sechs Tage. Nur der Sonntag war frei. Kein Wunder also, dass sich einige Jahre später ein Aachen-Besucher in einem Brief darüber wunderte, wie schlecht ernährt und krank die Aachener Kinder aussähen. Das Elend der Arbeiterfamilien war durch immer mehr Maschinen leider erdrückend.

Dennoch, die Menschen gewöhnten sich allmählich an Fabriken und Maschinen in der Tuch- und Nadelindustrie. Die Lebensumstände der Arbeiter besserten sich. Zunehmend wurden die Aachener Produkte in alle Welt ausgeliefert. So kam es, dass Aachen zu Beginn des 20. Jahrhunderts der größte Nadelhersteller in der Welt war. Vor dem Ersten Weltkrieg kam noch jede zweite weltweit gebrauchte Nadel aus Aachen. Ein besonders guter Kunde waren die Moskauer. Es gibt Belege, nach denen im 19. Jahrhundert innerhalb von einem halben Jahr 10 Millionen Nadeln aus Aachen nach Russland geschickt wurden.

Wie der Klenkes entstand

Heute erinnert uns der „Klenkes“, der zum Gruß erhobene kleine Finger an der Hand, noch an die große Zeit der Aachener Nadelfabrikation.

Der Klenkes wurde von den Kontrolleuren benutzt, um in der Endkontrolle die schiefen und defekten Nadeln auszuklinken. Das machte man, weil er der kleinste Finger an der Hand ist. Die Arbeit erforderte eine hohe Präzision. Die Kontrolleure waren keine Kinder, sondern Facharbeiter, also Erwachsene.

Die kleinen Arbeiterkinder fingen wohl irgendwann an, den kleinen Finger auf der Straße als ihr Erkennungszeichen zu benutzen. Wer den kleinen Finger zeigte, war ein Nadelarbeiter. Vielleicht war mit dieser Geste die Hoffnung verbunden, selbst eines Tages ein Facharbeiter zu werden. Den meisten von ihnen wird das nicht gelungen sein, denn damals erreichten nur wenige Kinder das Erwachsenenalter. Neben den schlechten Lebensbedingungen als Fabrikarbeiter sind in der Zeit auch viele Kinder der Cholera zum Opfer gefallen.

Der „Klinkefinger" – der Klenkes – wird übrigens bis heute während der Kontrollen in Nadelfabriken verwendet.

Inzwischen wurde die Geste zum Erkennungszeichen aller Aachener. Wo immer man außerhalb unserer schönen Stadt unterwegs ist, passiert es, dass jemand am Straßenrand eifrig mit dem Klenkes winkt, wenn er ein Aachener Auto sieht. So erkennen sich die Öcher bis heute weltweit.

29 Ein Mord am Pontdriesch – oder doch nicht?

Aachen, mit knapp 161 km^2 Ausdehnung, heute eine schmucke, mittlere Großstadt am Dreiländereck, hat sich erst im vorigen Jahrhundert so breit gemacht. Bis zum Bau des Rehmviertels und des Frankenberger Viertels blieb die Stadt innerhalb des heutigen Alleenrings, der bekanntlich dem Verlauf einer zweiten Stadtmauer aus dem 13. und 14. Jahrhundert folgt.

Aachen war im 18. Jahrhundert, zu der Zeit als sich die folgenden Ereignisse zugetragen haben, noch nicht sehr dicht besiedelt. Zwischen der Barbarossamauer und der neuen Stadtmauer gab es so viel Platz, dass sich kleine landwirtschaftliche Betriebe dort ansiedeln konnten. Der Name Pontdriesch deutet auf einen solchen Betrieb hin, denn Driesch ist ein alter Flurname für Weiden- und Ackerflächen.

Am Pontdriesch fristete die Familie Müffang ein freudloses Leben. Die Arbeit im Kleinbetrieb war hart und das Leben als Bauerfamilie entbehrungsreich. Die Mutter war früh gestorben und nun saß Bauer Niclas Müffang mit seiner Tochter, deren Namen nicht überliefert ist, allein auf dem Hof. Zu allem Übel hatte sich die Tochter während des Kirchweihfestes in Jan, einen ebenso fröhlichen wie gut aussehenden jungen Mann verliebt. Dass er außerdem dumm war und als Ehemann kaum seinen Pflichten nachkam, das stellte die junge Frau erst nach der überstürzten Hochzeit fest.

Vater Niclas jedoch war froh über einen weiteren Mann auf dem Hof. So konnte er bei seiner täglichen Arbeit auf Hilfe hoffen, denn mit dem Alter schmerzten ihn die Glieder immer häufiger. Der junge Jan seinerseits glaubte, dumm wie er war, sein Glück gefunden zu haben. Seine Frau war zwar nicht schön und sogar etwas älter als er.

Er aber fand sich gut versorgt und hielt sich die Zärtlichkeiten seiner Gattin am liebsten vom Leib. Was er sehr wohl zu schätzen wusste, war der kleine Bauernhof, den sie mit in die Ehe gebracht hatte und der von ihr und ihrem Vater fleißig bewirtschaftet wurde. Warum sollte er sich da viel Mühe antun? Jan war ein Taugenichts. Er hatte zwar immer ein Lied auf den Lippen, aber keine Lust zum Arbeiten. So war auch Vater Niclas mit dem Neuzugang in der Familie denkbar unzufrieden.

Ein plötzlicher Todesfall

Eines Tages nun, es war der 20. Juli 1751, kam Jan wieder einmal fröhlich pfeifend aus dem Städtchen nach Hause. Eigentlich hätte er die Zäune für die Weide reparieren sollen, doch er hatte es vorgezogen, den Rockzipfeln der hübschen „Öcher Mäddcher" nachzujagen. Jan wurde von einem Nachbarn beobachtet, wie er arglos im Haus seiner angeheirateten Familie verschwand. Was dann geschah, wurde nie geklärt. Kurze Zeit später nämlich, klopfte es bei eben diesem Nachbarn an der Tür. Als er öffnete, sah er sich einem gebeugten Niclas Müffang gegenüber, der sein bestes Trauergesicht aufgesetzt hatte. Erschrocken fragte der Nachbar, ob etwas geschehen sei. Daraufhin bat Niclas Müffang ihn, ihm doch die Totenkerze auszuleihen. Das machte den Nachbarn stutzig. Die Totenkerze? Gab es denn in der Nachbarschaft einen Sterbefall? Traurig nickte Müffang und berichtete, sein Schwiegersohn Jan sei plötzlich gestorben.

Das war für den Nachbarn nun doch überraschend, hatte er eben diesen Jan doch kurz vorher noch bei bester Gesundheit ins Haus gehen sehen. Er gab dem Nachbarn zwar die Kerze, beeilte sich aber, die Polizei einzuschalten. Ein so plötzlicher Todesfall bedurfte der Untersuchung. Als Ermittlungsbehörde für schwere Verbrechen war zu der Zeit der Herzog von Jülich zuständig. Also wurden Niclas und Tochter Müffang erst einmal unter lautem Protest ins Untersuchungsgefängnis gebracht. Das war damals am Fischmarkt im Grashaus, dem ehemaligen Rathaus. Es diente nun schon seit Jahrhunderten mit seinen berüchtigten Kerkerlöchern als Untersuchungsgefängnis.

Eine merkwürdige Leichenschau und schwerfällige Gerichte

Während man die beiden Müffangs unter Verdacht des Mordes am Ehemann der Tochter in den Kerker warf, nahm ein Chirurg und Knochenbrecher den Leichnam des toten Jans in Augenschein. Äußerlich war der junge Mann unversehrt, kräftig gebaut und gut genährt. Da sich keinerlei Anzeichen für eine Gewalttat fanden, ging der Mediziner weiter. Er öffnete den Leib des Toten. Was er dort zu sehen bekam, konnte er mit all seiner medizinischen Kenntnis, auf die er sehr stolz war, nicht einordnen. Die Gedärme waren schwarz verfärbt und stanken bestialisch. Der arme Mann fand das zwar ungewöhnlich, aber eine genaue Todesursache konnte er nicht benennen. Ob Jan vergiftet wurde, oder vielleicht doch auf natürliche Weise ums Leben gekommen war, blieb weiterhin ungeklärt.

So begannen die Mühlen der schwerfälligen Aachener Justiz zu mahlen. Während Prinz Wilhelm IV. von Nassau-Oranien im September in Aachen seine Badekur genoss, fristeten die Müffangs ein karges Leben im Kerkerloch des Grashauses am Fischmarkt. Sie bestritten beide vehement die Tat und sahen sich zu Unrecht im Gefängnis. Das Problem war: Niemand befand sich für den ungeklärten Mordfall zuständig. Das Schöffengericht in Aachen vertrat zwar die Hochgerichtsbarkeit, es gab aber außerdem noch das Gericht des Magistrats. So wurde der ungeklärte Fall zwischen diesen beiden lokalen Gerichten und dem Vogtmajor, der die Ermittlungsbehörde des Herzogs von Jülich vertrat, hin- und hergeschoben. Keiner wollte zuständig für einen Mord sein, der vielleicht keiner war.

Drei lange quälende Jahre und vier Monate vergingen, bis schließlich für die beiden Häftlinge entschieden wurde. Ohne Prozess wurden Vater und Tochter Müffang mangels Beweisen aus der Untersuchungshaft entlassen.

30 Johann II. der „Streitbare“ von Heinsberg

Mal Mörder – mal Retter

Johann II. von Heinsberg († 1438) war beileibe kein umgänglicher Mensch. Keine Schlacht ließ er aus, keinem Streit ging er aus dem Weg. Deshalb trug er seinen Beinamen „Der Streitbare“ durchaus zu Recht. Bereits im Jahre 1400 hatte er eine Schaar von 24 jungen Männern um sich vereint, die ihm ihre Treue schworen und gelobten, ihm jederzeit mit ihren Armbrüsten und Handbögen zu Diensten zu sein. Sie hatten die Aufgabe, die Heinsberger Stadtmauern zu bewachen und sollten Johann in alle Schlachten und Kriege begleiten. Auf diese wackere Truppe führt die Heinsberger Schützenbruderschaft bis heute ihr Gründungsdatum zurück.

Die tapferen Männer jedoch ahnten nicht, was auf sie zukommen würde. Zwar wurden sie gut bezahlt, denn sie bekamen das Recht, in den städtischen Teichen zu angeln, sie durften steuerfrei Wein verzapfen und bekamen sommers wie winters kostenlose Kleidungsstoffe. Auch stand ihnen ein Teil der Kriegsbeute als Bezahlung zu. Aber sie zahlten dafür einen sehr hohen Preis.

Johann der „Streitbare“ ging wahrlich keinem Konflikt aus dem Weg. Da er stets in Geldnot steckte, diente er sich jedem an, der eine Schlacht zu schlagen hatte. So mussten die frisch vereidigten Männer schon nach fünf Monaten gegen den Abt der Abtei Stavelot-Malmedy ins Feld ziehen. Dort verloren viele von ihnen ihr Leben.

Die Entweihung des Aachener Münsters

Aber es kam noch besser: Anfang Mai des Jahres 1428 hatte der Graf von Jülich den streitbaren Heinsberger nach Aachen geschickt, um dort die königlichen Steuern einzutreiben. Vor Johann und seinem üblen Ruf zitterte selbst der Aachener Magistrat und sie gaben ihm freiwillig, was er forderte. Da Johann jedoch mal wieder in der finanziellen Klemme steckte, suchte er eine Möglichkeit, auch seine eigene Kasse aufzubessern.

Da kam ihm in den Sinn, dass in einer so prächtigen Kirche wie der Aachener Marienkirche, sicher etwas zu holen sei. Er stürmte also am 3. Mai 1428 in das Aachener Münster, wo gerade ein Kanoniker am Altar einen Gottesdienst zelebrierte. Es sollte seine letzte Messe werden, denn Johann streckte ihn mit einem Bolzen aus seiner Armbrust nieder. Dann rafften er und seine Gesellen alle liturgischen Gerätschaften zusammen. Die vor Entsetzen völlig erstarrte Gemeinde konnte dem dreisten Mord nichts entgegensetzen. Auch das nutzten die Frevler aus. Sie brachten jeden einzelnen um Geldbeutel und Schmuckstücke. Selbst vor den Opferstöcken machten sie nicht halt.

Die Heinsberger Räuber waren wie berauscht von ihrer schnellen Beute. Diesen leichten Sieg wollten sie nun feiern. Also stürmten sie am Münsterplatz in die kleine Kneipe, die damals „Maus am Dom" hieß. Dort zwangen sie den völlig entsetzten Wirt, die feinsten Speisen und Getränke aus der Kammer zu holen. Keiner in Aachen wagte es, diese makabre „Siegesfeier" zu stören. Erleichtert atmeten alle auf, als die Truppe schließlich mit ihrer Beute aus der Stadt verschwand. Ob sie in der Maus die Zeche bezahlten? Das ist unbekannt, wäre jedoch ungewöhnlich.

Heute Hanswurst, früher „Maus am Dom"

Unruhige Zeiten und Johann als Retter für die hohen Herren

Ein gutes Jahr später jedoch, erinnerte man sich in Aachen an die skrupellose Bande. Die Zeiten waren unruhig. Zwischen den Aachener Zünften und dem die Belange der Stadt vertretenden „Erbrat" gab es Neid, Missgunst und Streit. Bereits im Juni des Vorjahres hatte sich die Schröderzunft - die Schneider - mit den Patriziern und Vornehmen im Rat der Stadt heftig auseinandergesetzt. Die aufmüpfigen Handwerker fühlten sich bevormundet und erstritten erstmalig die Zulassung zum Aachener Rat. Als freie Reichs- und Handelsstadt war man schließlich selbstbewusst und nur dem König gegenüber verantwortlich. Aber mit einer Beteiligung der Handwerker war der Konflikt nicht beigelegt, die Streitigkeiten wollten einfach kein Ende nehmen. So wurde im August 1428 der bestehende Erbrat aufgelöst und unter Federführung der Zünfte ein neuer Rat gebildet. Doch die neuen Machthaber im Aachener Rathaus konnten mit ihrer gewonnenen Entscheidungsfreiheit nicht umgehen. Für die Aachener begann eine schwierige Zeit von Willkür und Gewaltherrschaft.

Kaum zu glauben, wen man im Oktober des folgenden Jahres schließlich zu Hilfe rief! Johann von Heinsberg bekam von den entmachteten Aachener Patriziern ein stattliches Sümmchen Geld, um dem Treiben der Handwerker im Rat ein Ende zu setzen. Nur zu gern ließ der sich darauf ein. Listig bereitete er einen Überfall vor. Schon im September reisten seine Spießgesellen als Pilger verkleidet nach Aachen. Dort nahmen sie unauffällig Quartier in Gasthäusern und bei reichen Familien, wo sie sich handzahm gaben. Heimlich jedoch machten sie alle Absperrketten, die man bei plötzlichen Überfällen aufzog, unbrauchbar. Einem gelang es sogar, den Schlüssel für das Ponttor zu besorgen. In der Nacht vom 1. auf den 2. Oktober 1429 war es schließlich so weit: Es war eine dunkle Nacht. Der frühe Herbst zeigte sich von seiner rauhen Seite, als durch das Wurmtal die Reiter unter dem Kommando von Johann II. in Richtung Aachen ritten. Gegen zwei Uhr morgens schließlich drangen die Heinsberger durch das heimlich geöffnete Ponttor in die Stadt ein. Die scheinbar harmlosen Pilger zeigten nun ihr wahres Gesicht. Überall in der Stadt hielten sie Wache und schlugen die Verteidiger zurück. Sie brachten schnell alle elf Stadttore unter ihre Kontrolle, sodass niemand aus der Stadt entkommen konnte. Mit lautem Geschrei tobten die Angreifer die Pontstraße hoch. Am Markt gelang es ihnen, ohne Gegenwehr ins Aachener Rathaus einzudringen. Gnadenlos wurden die rebellischen Zunftmeister festgenommen. Jede Gegenwehr war aussichtslos, denn die Heinsberger Schwerter fällten jeden, der sich ihnen in den Weg stellte.

Wieder einmal wurde die Jakobstraße zum Schlachtfeld. Ein blutiger Kampf entwickelte sich, aber diesmal hatten die Aachener Aufständischen keine Chance. Neben den Heinsbergern hatten die Aachener Patrizier auch den Grafen Ruprecht von Virneburg und Gumprecht von Neuenahr zu Hilfe gerufen. Gegen diese bewährten Kämpfer hatten die Aachener Handwerker keine Chance.

Unter ihnen war auch ein Mann namens Heinrich, der Jackenstricker. Er wurde mit einem Spieß in der Hand aufgegriffen. Den hatte er aus seiner Küche als provisorische Waffe mitgenommen. Er hoffte schon, mit dem Leben davonzukommen, als er Johann dem „Streitbaren" vorgeführt wurde. Johann kannte er als guten Kunden. Doch seine Hoffnung, die alte Geschäftsbeziehung würde ihm nützen, zerstörte Johann sofort. Mit einem heftigen Schwertstreich setzte er höchstpersönlich dem Leben des biederen Handwerkers ein Ende.

Bei dieser Übermacht erlahmte die Gegenwehr der Aachener schnell. Der alte Zustand wurde wiederhergestellt und der Erbrat und damit die ungeliebten Reichen und Vornehmen erneut ins Amt eingesetzt.

Fünf Anführer der aufständischen Zünfte wurden schon einen Tag später, am 3. Oktober 1429, im Schnellverfahren zum Tode verurteilt und sofort hingerichtet. Die Bürgerschaft musste auf „St. Stephans Blut", also die Stephansburse, die damals noch dem Domschatz gehörte, einen Treueeid gegenüber dem Erbrat leisten.

Die Helfershelfer der alten und neuen Machthaber jedoch wurden noch eine ganze Woche lang fürstlich bewirtet. Johann der „Streitbare" durfte sogar sein Banner an das Aachener Rathaus stecken.

Quellen

- Aachens Geschichte in Daten – Bernhard Poll/Hans Siemons
- Aachen in Flammen – Begleitheft zur Ausstellung des Aachener Stadtarchivs, Thomas R. Kraus
- Chronik des Hauses „Zum Wehrhaften Schmied“ von 2003
- Aachen unter Napoleon – Viktor Gielen
- Aachen im Vormärz – Viktor Gielen
- Hexenwahn im Grenzland – Hans Siemons
- Die sieben Ähren – Sagen und Legenden aus dem Aachener Land, Paul Weitershagen 1966
- Kaiser und Könige in Aachen – Vera Blazek, Hans Altmann, Carola Weinstock
- Geschichte und Mythos – Krönungen in Aachen Ausstellungskatalog von 2000
- Auf den zweiten Blick – Band 11 – 2009
- Glücksspiel in Aachen – Hans Siemons
- Casanova in Aachen – Hans Siemons
- Der Postwagen – Chronik von 1927
- Verschiedene Bände des Aachener Geschichtsvereins
- „Öcher Verzällcher“ – Hans Hahn
- Mit närrischem Frohsinn wider den tierischen Ernst – 150 Jahre Aachener Karnevalsverein
- Archiv der Aachener Zeitung
- Heimatverein Heinsberger Lande e.V.: http://www.hv-heinsberg.de/

Bildnachweis

Fotos Innenteil:	Sabine Mathieu Bild S. 143 mit freundlicher Genehmigung des Begas Hauses, Heinsberg
Illustrationen (Hexe/Katze):	©Hemera/Thinkstock
Covergestaltung & Satz:	Andreas Reuel
Bearbeitung 3. Auflage:	Katerina Georgieva
Coverfotos:	Sabine & Bernd Mathieu edition charlemagne.ac Hintergrundfotos: ©Thinkstock/iStock